Mis inventos

Nikola Tesla

Mis inventos

EDICIONES OBELISCO

Si este libro le ha interesado y desea que le mantengamos informado
de nuestras publicaciones, escríbanos indicándonos qué temas son de su interés
(Astrología, Autoayuda, Psicología, Artes Marciales, Naturismo,
Espiritualidad, Tradición…) y gustosamente le complaceremos.

Puede consultar nuestro catálogo en www.edicionesobelisco.com

*Los editores no han comprobado la eficacia ni el resultado de las recetas,
productos, fórmulas técnicas, ejercicios o similares contenidos en este libro.
Instan a los lectores a consultar al médico o especialista de la salud ante
cualquier duda que surja. No asumen, por lo tanto, responsabilidad alguna
en cuanto a su utilización ni realizan asesoramiento al respecto.*

Colección Estudios y Documentos
Mis inventos
Nikola Tesla

1.ª edición: octubre de 2022

Título original: *My Inventions*
Traducción: *Juli Peradejordi*
Diseño de cubierta: *TsEdi, Teleservicios Editoriales, S.L.*

© 2022, Ediciones Obelisco, S. L.
(Reservados los derechos para la presente edición)

Edita: Ediciones Obelisco, S. L.
Collita, 23-25. Pol. Ind. Molí de la Bastida
08191 Rubí - Barcelona - España
Tel. 93 309 85 25
E-mail: info@edicionesobelisco.com

ISBN: 978-84-9111-912-8
Depósito Legal: B-14.728-2022

Impreso en los talleres gráficos de Romanyà/Valls S. A.
Verdaguer, 1 - 08786 Capellades - Barcelona

Printed in Spain

Capítulo 1

Mis primeros años de vida

El desarrollo progresivo del hombre depende vitalmente de la invención. Es el producto más importante de su cerebro creativo. Su finalidad última es el dominio completo de la mente sobre el mundo material, el aprovechamiento de las fuerzas de la naturaleza para las necesidades humanas. Ésta es la difícil tarea del inventor, que a menudo es incomprendido y no recompensado. Pero encuentra una amplia compensación en el agradable ejercicio de sus poderes y en el conocimiento de pertenecer a esa clase excepcionalmente privilegiada sin la cual la raza habría perecido hace mucho tiempo en la amarga lucha contra los elementos despiadados.

Hablando por mí, ya he tenido de este exquisito disfrute más de lo que podía soportar, tanto que durante muchos años mi vida fue poco menos que un éxtasis continuo. Se me atribuye ser uno de los que más duro han trabajado y tal vez sea así, en el caso en el que el pensamiento sea el equivalente al trabajo, pues le he dedicado casi todas mis horas de vigilia. Pero si el trabajo se interpreta como un rendimiento definido en un tiempo determinado según una regla rígida, entonces puedo ser el peor de los ociosos. Todo esfuerzo por obligación exige un sacrificio de energía vital. Yo nunca he pagado ese precio. Por el contrario, he prosperado con mis pensamientos.

Al tratar de dar cuenta de mis actividades de una manera fiel en esta serie de artículos que se publicarán con la ayuda de los editores de la revista *Electrical Experimenter* y que se dirigen principalmente a nuestros jóvenes lectores, debo detenerme, aunque sea a regañadientes, en las impresiones de mi juventud y en las circunstancias y eventos que han sido decisivos y determinantes en mi carrera.

Nuestros primeros esfuerzos son puramente instintivos, impulsos de una imaginación viva e indisciplinada. A medida que crecemos, la razón se impone y nos volvemos más sistemáticos y proyectivos. Pero esos primeros impulsos, aunque no sea de inmediato, son de la mayor importancia y pueden dar forma a nuestro destino. De hecho, ahora siento que si los hubiera comprendido y cultivado en lugar de suprimirlos, habría añadido un valor sustancial a mi legado al mundo. Pero hasta que no llegué a la edad adulta, no me di cuenta de que era un inventor.

Esto se debió a una serie de causas. En primer lugar, tenía un hermano con un talento extraordinario, uno de esos raros fenómenos de la mente que la investigación biológica no ha podido explicar. Su muerte prematura dejó a mis padres desconsolados. Teníamos un caballo que nos había regalado un querido amigo. Era un magnífico animal de raza árabe, poseía una inteligencia casi humana, y era cuidado y acariciado por toda la familia, y en una ocasión salvó la vida de mi padre en circunstancias extraordinarias. Una noche de invierno en la que debía cumplir con un deber urgente y mientras cruzaba las montañas repletas de lobos, el caballo se asustó y huyó, arrojando a mi padre violentamente al suelo. El caballo llegó a casa sangrando y agotado, pero tras dar la alarma regresó inmediatamente antes de que el grupo de búsqueda se encontrara con mi padre, que había recobrado el conocimiento y volvió a montar sin darse cuenta de que llevaba varias horas tirado en la nieve. Este caballo fue el responsable de las heridas de mi hermano, de las que murió. Fui testigo de la trágica escena y, aunque han pasado cincuenta y seis años, mi impresión visual no ha perdido nada de su fuerza. El recuerdo de sus logros hace que todos mis esfuerzos resulten aburridos.

Todo lo que hice que fuera meritorio simplemente hacía que mis padres sintieran su pérdida más agudamente. Así que crecí con poca confianza en mí mismo. Pero estaba lejos de ser considerado un muchacho estúpido si he de juzgar por un incidente que recuerdo con fuerza. Un día, los concejales pasaban por una calle donde yo jugaba con otros niños. El mayor de estos venerables caballeros, un ciudadano rico, se detuvo para darnos una moneda de plata a cada uno de nosotros. Viniendo hacia mí, se detuvo de repente y me ordenó: «Mírame a los ojos». Me encontré con su mirada, con la mano extendida para recibir la preciada moneda, cuando, para mi consternación, dijo: «No, no es mucho, no puedes obtener nada de mí, eres demasiado inteligente». Solían contar una historia divertida sobre mí. Tenía dos tías viejas y una de ellas tenía dos dientes que sobresalían como los colmillos de un elefante que me clavaba en la mejilla cada vez que me besaba. Nada me asustaba más que la perspectiva de ser abrazado por estas parientes tan cariñosas como poco atractivas. Sucedió que mientras me llevaban en los brazos de mi madre, me preguntaron cuál era la más guapa de las dos. Después de examinar sus rostros atentamente, respondí pensativo, señalando a una de ellas: «Ésta de aquí no es tan fea como la otra».

Por otra parte, yo estaba destinado desde mi nacimiento a la profesión clerical y este pensamiento me oprimía constantemente. Ansiaba ser ingeniero, pero mi padre era inflexible. Era hijo de un oficial que sirvió en el ejército del Gran Napoleón y, al igual que su hermano, profesor de matemáticas en una destacada institución, había recibido una educación militar, pero curiosamente se dedicó más tarde al clero, en el que destacó. Era un hombre muy erudito, un verdadero filósofo natural, poeta y escritor, y se dice que sus sermones eran tan elocuentes como los de Abraham a Sancta Clara (Johann Ulrich Megerle). Tenía una memoria prodigiosa y con frecuencia recitaba extensas obras en varias lenguas. A menudo comentaba en tono de broma que si algunos de los clásicos se perdieran, él podía recuperarlos. Su estilo de escritura era muy admirado. Con frases breves y concisas, estaba lleno de ingenio y sátira. Los comentarios humorísticos que hacía eran siempre peculiares y característicos. A modo de ilustración, mencionaré uno o dos ejemplos. Entre los ayudantes de la casa había un hombre bizco llamado Mane, empleado para hacer trabajos en la granja. Un día estaba cortando leña y mientras alzaba el hacha, mi padre, que estaba cerca y se sentía muy incómodo, le advirtió: «Por el amor de Dios, Mane, no le des a lo que miras, sino a lo que intentas dar». En otra ocasión estaba un amigo que, por descuido, dejó que su costoso abrigo de pieles rozara la rueda del coche. Mi padre se lo recordó diciéndole: «Recoge tu abrigo, estás arruinando mi rueda». Tenía la extraña costumbre de hablar consigo mismo y a menudo mantenía una animada conversación y se entregaba a acaloradas discusiones, en las que cambiaba de tono de voz. Un oyente que pasara por allí podría haber asegurado que había varias personas en la habitación.

Aunque debo atribuir a la influencia de mi madre la capacidad inventiva que poseo, la formación que me dio debe haber sido muy útil. Incluía todo tipo de ejercicios, como adivinar los pensamientos de los demás, descubrir los defectos de alguna forma o expresión, repetir frases largas o realizar cálculos mentales. Estas lecciones diarias estaban destinadas a fortalecer la memoria y la razón y, sobre todo, a desarrollar el sentido crítico, y eran sin duda muy beneficiosas.

Mi madre descendía de una de las familias más antiguas del país y de un linaje de inventores. Tanto su padre como su abuelo crearon numerosos utensilios para el hogar, la agricultura y otros usos. Era verdaderamente una gran mujer, de una rara habilidad, coraje y fortaleza, que había desafiado las tormentas de la vida y pasado por muchas experiencias difíciles. Cuando tenía dieciséis años, una virulenta peste asoló el país. Su padre fue llamado para administrar los últimos sacramentos a los moribundos y, durante su ausencia, ella acudió sola a socorrer a una familia vecina afectada por la temible enfermedad. Todos los miembros, cinco en total, sucumbieron en rápida sucesión. Ella bañó, vistió y amortajó los cuerpos, decorándolos con flores según la costumbre del país, y cuando su padre regresó, se lo encontró todo listo para un entierro cristiano.

Mi madre era una inventora de primer orden y creo que habría logrado grandes cosas si no hubiera estado tan alejada de la vida moderna y sus múltiples oportunidades. Inventó y construyó todo tipo de herramientas y dispositivos, y tejía los más finos diseños con el hilo que ella misma hilaba. Incluso plantó las semillas, cultivó las plantas y separó las fibras. Trabajaba incansablemente, desde el amanecer hasta la noche, y la mayor parte de la ropa y el mobiliario de la casa era producto de sus manos. Cuando tenía más de sesenta años, sus dedos aún eran lo suficientemente ágiles como para hacer tres nudos en una pestaña.

Hubo otra razón aún más importante para mi despertar tardío. En mi niñez padecí una peculiar aflicción debida a la aparición de imágenes, a menudo acompañadas de fuertes destellos de luz, que empañaban la visión de objetos reales y que interferían con mi pensamiento y acción. Eran imágenes de cosas y escenas que había visto realmente, nunca de las que imaginaba. Cuando me decían una palabra, la imagen del objeto que designaba se presentaba vívidamente en mi visión, y a veces no podía distinguir si lo que veía era tangible o no. Esto me causaba un gran malestar y ansiedad. Ninguno de los especialistas de psicología o fisiología a los que he consultado ha podido explicar nunca satisfactoriamente estos fenómenos. Parecen ser únicos, aunque probablemente yo estaba predispuesto, ya que sé que mi hermano experimentó un problema similar. La teoría que he formulado es que las imágenes eran el resultado de un acto reflejo del cerebro sobre la retina bajo una gran excitación. Ciertamente no eran alucinaciones como las que se producen en mentes enfermas y angustiadas, ya que en otros aspectos yo era normal y sereno. Para dar una idea de mi angustia, supongamos que hubiera presenciado un funeral o algún espectáculo angustioso. Entonces, inevitablemente, en la quietud de la noche, una vívida imagen de la escena se presentaría ante mis ojos a pesar de todos mis esfuerzos por desterrarla.

A veces incluso permanecía en el espacio, aunque empujara mi mano a través de él. Si mi explicación es correcta, debería ser capaz de proyectar en una pantalla la imagen de cualquier objeto concebido y hacerlo visible. Un avance así revolucionaría las relaciones humanas por completo. Estoy convencido de que esta maravilla puede y será realizada con el tiempo; debo añadir que he dedicado muchas reflexiones a la solución del problema.

Para librarme de estas apariciones atormentadoras, trataba de concentrar mi mente en otra cosa que hubiera visto y, de este modo, obtenía a menudo un alivio temporal; pero para conseguirlo tenía que conjurar nuevas imágenes continuamente. No tardé en comprobar que había agotado todas las que tenía a mi alcance; mi «carrete» se había agotado, por así decirlo, porque había visto poco del mundo, sólo objetos de mi casa y del entorno inmediato. A medida que realizaba estas operaciones mentales por segunda o tercera vez para ahuyentar las apariciones de mi vista, el remedio fue perdiendo su fuerza poco a poco. Entonces, instintivamente, comencé a hacer excursiones más allá de los límites del pequeño mundo del que tenía conocimiento, y vi nuevas escenas. Al principio eran muy borrosas e indistintas, y se alejaban cuando intentaba concentrar mi atención en ellas, pero con el tiempo conseguí fijarlas; ganaban en fuerza y nitidez y finalmente asumían la concreción de las cosas reales. Pronto descubrí que la mayor comodidad la alcanzaba si simplemente avanzaba en mi visión más y más lejos, obteniendo nuevas impresiones todo el tiempo, y así comencé a viajar, por supuesto, en mi mente. Cada noche (y a veces durante el día), cuando estaba solo, comenzaba mis viajes –ver nuevos lugares, ciudades y países, vivir allí, conocer gente y hacer amistades y conocidos– y, por increíble que parezca, es un hecho que estas personas me resultaban tan queridas como los seres de la vida real y no un poco menos intensos en sus manifestaciones.

Esto lo hice de una manera constante hasta que tuve unos diecisiete años, cuando mis pensamientos se volvieron seriamente hacia la invención. Entonces observé para mi deleite que podía visualizar con la mayor facilidad. No necesitaba modelos, dibujos ni experimentos.

Podía imaginarlos todos como reales en mi mente. De esta manera, inconscientemente, he desarrollado lo que considero un nuevo método para materializar conceptos e ideas de invención, que es radicalmente opuesto al puramente experimental y que, en mi opinión, es mucho más rápido y eficaz. En el momento en que uno construye un dispositivo para llevar a la práctica una idea bruta, se encuentra inevitablemente absorbido por los detalles y los defectos del aparato. A medida que va mejorando y se va reconstruyendo, la intensidad de su concentración disminuye y pierde de vista el gran principio subyacente. Se pueden obtener resultados, pero siempre sacrificando la calidad.

Mi método es diferente. No me precipito en el trabajo real. Cuando tengo una idea, empiezo a construirla en mi imaginación. Modifico la construcción, hago mejoras y hago funcionar el dispositivo en mi mente. No me importa en absoluto que mi turbina funcione en el pensamiento o que la pruebe en mi taller. Incluso observo si está desequilibrada.

No hay ninguna diferencia, los resultados son los mismos. De este modo puedo desarrollar y perfeccionar rápidamente una idea sin necesidad de tocar nada. Cuando he llegado a plasmar en la invención todas las mejoras posibles que se me ocurren y no veo ningún fallo, pongo el producto final de mi cerebro en forma concreta. Invariablemente, mi dispositivo funciona como lo concebí, y el experimento resulta exactamente como lo planifiqué. En veinte años no ha habido ni una sola excepción. ¿Por qué habría de ser de otro modo? La ingeniería, eléctrica y mecánica, es positiva en cuanto a resultados. Apenas hay un tema que no pueda ser tratado matemáticamente y los efectos o los resultados se determinen de antemano a partir de los datos teóricos y prácticos disponibles. La puesta en práctica de una idea bruta, como se hace generalmente, no es más que una pérdida de energía, de dinero y de tiempo.

Mi temprana aflicción tuvo, sin embargo, otra compensación. El incesante esfuerzo mental desarrolló mis poderes de observación y me permitió descubrir una verdad de gran importancia. Había notado que la aparición de imágenes era siempre precedida por la visión real de escenas en condiciones peculiares y generalmente muy excepcionales, y me vi impulsado en cada ocasión a localizar el impulso original. Al cabo de un tiempo, este esfuerzo se convirtió en algo casi automático y adquirí una gran facilidad para relacionar la causa y el efecto. Pronto me di cuenta, para mi sorpresa, de que cada pensamiento que concebía estaba sugerido por una impresión externa. No sólo esto, sino que todas mis acciones eran impulsadas de manera similar. Con el tiempo se me hizo perfectamente evidente que yo era tan sólo un autómata dotado de poder de movimiento, que respondía a los estímulos de los de los órganos de los sentidos y que pensaba y actuaba en consecuencia. El resultado práctico de esto fue el arte de la telautomática, que hasta ahora sólo se ha llevado a cabo de manera imperfecta. Sin embargo, sus posibilidades latentes acabarán mostrándose. Desde hace años planifico autómatas autocontrolados y creo que se pueden producir mecanismos que actuarán como si tuvieran razón en cierto grado y que crearán una revolución en muchos departamentos comerciales e industriales.

Tenía unos doce años cuando logré desterrar por primera vez una imagen de mi visión mediante un esfuerzo intencionado, pero nunca tuve ningún control sobre los destellos de luz a los que me he referido. Fueron, quizás, mi experiencia más extraña e inexplicable. Por lo general, ocurrían cuando me encontraba en una situación peligrosa o angustiosa, o cuando estaba muy excitado. En algunos casos he visto todo el aire a mi alrededor lleno de lenguas de llamas vivas. Su intensidad, en lugar de disminuir, aumentaba con el tiempo y aparentemente alcanzó el máximo cuando yo tenía unos veinticinco años. Mientras estaba en París, en 1883, un prominente fabricante francés me invitó a una expedición de tiro que acepté. Había estado mucho tiempo confinado en la fábrica y el aire fresco tuvo un maravilloso efecto vigorizante en mí. A mi regreso a la ciudad esa noche, tuve la certera sensación de que mi cerebro se había incendiado. Vi una luz como si un pequeño sol se hubiera instalado en él y pasé toda la noche aplicando compresas frías a mi torturada cabeza.

Finalmente, los destellos disminuyeron en frecuencia y fuerza, pero pasaron más de tres semanas antes de que desaparecieran por completo. Cuando más adelante se me hizo una segunda invitación, mi respuesta fue un rotundo ¡NO!

Estos fenómenos luminosos siguen manifestándose de vez en cuando, como cuando me asalta una nueva idea que abre posibilidades, pero ya no son excitantes, ya que son de una intensidad relativamente pequeña. Cuando cierro los ojos observo primero un fondo azul muy oscuro y uniforme, no muy diferente del cielo en una noche clara, pero sin estrellas. En pocos segundos este campo se anima con innumerables y centelleantes copos de color verde, dispuestos en varias capas y avanzando hacia mí. Luego aparece, a la derecha, un hermoso patrón de dos sistemas de líneas paralelas y estrechamente espaciadas, en ángulo recto entre sí, en todo tipo de colores, con predominio del amarillo-verde y el oro. Inmediatamente las líneas se vuelven más brillantes y el conjunto está densamente salpicado de puntos de luz parpadeante. Esta imagen se mueve lentamente a través del campo de visión y en diez segundos se desvanece hacia la izquierda, dejando tras de sí un terreno gris bastante desagradable e inerte que rápidamente da paso a un mar ondulado de nubes, que parecen intentar adoptar formas vivas. Es curioso que no pueda proyectar una forma en este gris hasta que se alcance la segunda fase. Cada vez, antes de dormirme, imágenes de personas u objetos revolotean ante mi vista. Cuando las veo, sé que estoy a punto de perder la conciencia. Si están ausentes y se niegan a venir, es el presagio de una noche de insomnio.

Puedo ilustrar con otra experiencia extraña hasta qué punto la imaginación jugó un papel en mi vida temprana. Como a la mayoría de los niños, me gustaba saltar y desarrollé un intenso deseo de sostenerme en el aire. De vez en cuando soplaba un fuerte viento cargado de oxígeno que soplaba desde las montañas y dejaba mi cuerpo ligero como el corcho y entonces saltaba y flotaba en el espacio durante mucho tiempo. Era una sensación deliciosa y mi desilusión fue muy grande cuando más tarde me di cuenta de que era una ilusión.

En aquella época contraje muchos gustos, aversiones y hábitos extraños, algunos de los cuales puedo atribuirlos a impresiones externas, mientras que otros son inexplicables. Tenía una violenta aversión contra los pendientes de las mujeres, pero otros adornos, como brazaletes, me gustaban más o menos según el diseño. La visión de una perla casi me daba un ataque, pero me fascinaba el brillo de los cristales y los objetos con bordes afilados y superficies planas. No tocaba el pelo de otras personas, excepto, tal vez, a punta de revólver. Me daba fiebre la simple vista de un melocotón, y si había un trozo de alcanfor en la casa, me causaba un gran malestar. Incluso ahora no soy insensible a algunos de estos impulsos perturbadores. Cuando dejo caer cuadraditos de papel en un plato lleno de líquido, siempre siento un sabor peculiar y horrible en la boca. Contaba los pasos en mis caminatas y calculaba el contenido cúbico de los platos de sopa, las tazas de café y los trozos de comida; de lo contrario, mi comida no era agradable. Todas las repeticiones actos u operaciones que realizaba debían ser divisibles por tres, y si me equivocaba, me sentía impulsado a hacerlo todo de nuevo, aunque tardara horas.

Hasta los ocho años, mi carácter era débil y vacilante. No tenía ni valor ni fuerza para tomar una decisión firme. Mis sentimientos venían en oleadas y vibraban sin cesar entre los extremos. Mis deseos eran de una fuerza consumidora y, como las cabezas de la hidra, se multiplicaban. Me sentía oprimido por pensamientos de dolor en la vida y la muerte y el miedo religioso. Estaba influenciado por creencias supersticiosas y vivía en constante temor al espíritu del mal, de fantasmas y ogros y otros monstruos impíos de la oscuridad. Entonces, de repente, se produjo un tremendo cambio que alteró el curso de toda mi existencia. De todas las cosas, lo que más me gustaba eran los libros. Mi padre tenía una gran biblioteca y siempre que podía me las arreglaba para satisfacer mi pasión por la lectura. Él no lo permitía y montaba en cólera cuando me pillaba leyendo. Escondía las velas cuando descubría que leía a escondidas. No quería que estropeara mis ojos. Pero conseguí sebo, hice una mecha y fundí los palos en formas de estaño, y todas las noches tapaba el ojo de la cerradura y las grietas y leía, a menudo hasta el amanecer, cuando todos los demás dormían y mi madre comenzaba su ardua tarea diaria. En una ocasión me encontré con una novela titulada *Abafi* (El hijo de Aba), una traducción al serbio de un conocido escritor húngaro, Josika. Esta obra despertó de algún modo mi adormecida fuerza de voluntad y comencé a practicar el autocontrol.

Al principio mis propósitos se desvanecieron como la nieve en abril, pero en poco tiempo superé mi debilidad y sentí un placer que nunca antes había conocido: el de hacer lo que quería. Con el tiempo, este vigoroso ejercicio mental se convirtió en una segunda naturaleza. Al comenzar, mis deseos tenían que ser sometidos, pero gradualmente el deseo y la voluntad llegaron a ser idénticos. Después de años de tal disciplina, adquirí un dominio tan completo sobre mí mismo que jugué con pasiones que han significado la destrucción para algunos de los hombres más fuertes.

A cierta edad contraje una adicción al juego que preocupó mucho a mis padres. Sentarme a jugar una partida de cartas era para mí la quintaesencia del placer. Mi padre llevaba una vida ejemplar y no podía excusar el despilfarro de tiempo y de dinero en el que me complacía. Yo tenía una fuerte determinación, pero mi filosofía era mala. Le decía: «Puedo dejarlo cuando quiera, pero ¿merece la pena renunciar a lo que compraría con las alegrías del Paraíso?». En frecuentes ocasiones daba rienda suelta a su ira y su desprecio, pero mi madre era diferente. Ella comprendía el carácter de los hombres y sabía que la salvación de uno solamente podía conseguirse con su propio esfuerzo. Una tarde, recuerdo, cuando había perdido todo mi dinero y ansiaba una partida más, se acercó a mí con un rollo de billetes y me dijo: «Ve y diviértete. Cuanto antes pierdas todo lo que poseemos, mejor será. Sé que lo superarás». Tenía razón. Conquisté mi pasión en ese momento y sólo lamenté que no hubiera sido cien veces más fuerte. No sólo vencí, sino que la arranqué de mi corazón para no dejar ni un rastro de deseo. Desde entonces, me resulta tan indiferente cualquier forma de juego como recoger dientes.

Durante otro período fumé en exceso, amenazando con arruinar mi salud. Entonces mi voluntad se impuso y no sólo dejé de fumar, sino que destruí toda inclinación. Hace mucho tiempo sufrí de problemas cardíacos hasta que descubrí que se debían a la inocente taza de café que consumía cada mañana. Dejé de tomarlo inmediatamente, aunque confieso que no fue una tarea fácil. De este modo, he controlado y frenado otros hábitos y pasiones, y no sólo he preservado mi vida, sino que he obtenido una inmensa satisfacción de lo que la mayoría de los hombres considerarían privaciones y sacrificios. Después de terminar los estudios en el Instituto Politécnico y la Universidad, tuve un colapso nervioso y mientras duró la enfermedad observé muchos fenómenos extraños e increíbles.

Capítulo 2

Mis primeros esfuerzos de invención

Me detendré brevemente en estas extraordinarias experiencias, por su posible interés para los estudiantes de psicología y fisiología, y también porque este período de agonía fue de la mayor consecuencia en mi desarrollo mental y en mis trabajos posteriores. Pero es indispensable relatar primero las circunstancias que los precedieron y en donde puede hallarse su explicación parcial. Desde la infancia, me vi obligado a concentrar la atención en mí mismo. Esto me causó mucho sufrimiento, pero, visto ahora, fue una bendición disfrazada, pues me enseñó a apreciar el inestimable valor de la introspección en la preservación de la vida, así como medio de realización.

La presión de la ocupación y el flujo incesante de impresiones que llegan a nuestra conciencia a través de todas las puertas del conocimiento hacen que la existencia moderna sea peligrosa en muchos sentidos. La mayoría de las personas están tan absortas en la contemplación del mundo exterior que no se dan cuenta de lo que ocurre en su interior. La muerte prematura de millones de personas se debe principalmente a esta causa. Incluso entre los que se cuidan es un error común evitar los peligros imaginarios e ignorar los reales. Y lo que es cierto para un individuo también se aplica, más o menos, a un pueblo en su conjunto.

Un ejemplo es el movimiento de la prohibición. En este país se está aplicando una medida drástica, por no decir inconstitucional, para evitar el consumo de alcohol, y sin embargo es un hecho indiscutible que el café, el té, el tabaco, la goma de mascar y otros estimulantes, que se consumen libremente incluso en la infancia, son mucho más perjudiciales para el organismo nacional, a juzgar por el número de los que sucumben. Así, por ejemplo, durante mis años de estudiante recogí de las necrologías publicadas en Viena, la patria de los bebedores de café, que las muertes por problemas cardíacos alcanzaban a veces el 67 % del total. Estas deliciosas bebidas sobreexcitan y gradualmente agotan las fibras finas del cerebro. También interfieren seriamente con la circulación arterial y deben ser disfrutadas con mayor moderación, ya que sus efectos nocivos son lentos e imperceptibles. El tabaco, por el contrario, favorece el pensamiento fácil y placentero, y resta intensidad y concentración a todo esfuerzo original y vigoroso del intelecto. La goma de mascar es de ayuda durante un corto tiempo, pero pronto drena el sistema glandular e inflige daños irreparables, por no hablar de la repugnancia que genera. El alcohol en pequeñas cantidades es un excelente tónico, pero es tóxico en su acción cuando se absorbe en cantidades mayores, sin importar si se toma como whisky o si se produce en el estómago a partir del azúcar. Pero no debe pasarse por alto que todos ellos son grandes eliminadores que ayudan a la Naturaleza, como lo hacen, a mantener su severa pero justa ley de la supervivencia del más fuerte. Los reformistas ansiosos también deben ser conscientes de la eterna perversidad de la humanidad que hace que el indiferente «laissez-faire» sea preferible a la restricción forzosa.

La verdad sobre esto es que necesitamos estimulantes para hacer nuestro mejor trabajo bajo las condiciones de vida actuales, y que debemos ejercer la moderación y controlar nuestros apetitos e inclinaciones en todas las direcciones. Esto es lo que he estado haciendo durante años, manteniéndome joven en cuerpo y mente. La abstinencia no siempre fue de mi agrado, pero encuentro amplia recompensa en las experiencias agradables que estoy haciendo ahora. Sólo con la esperanza de convertir a algunos a mis preceptos y convicciones, recordaré una o dos.

Hace poco tiempo volvía a mi hotel. Era una noche muy fría, el suelo estaba resbaladizo y no había ningún taxi. Media cuadra detrás de mí, seguía otro hombre, evidentemente tan ansioso como yo por ponerse a cubierto. De repente, mis piernas se elevaron en el aire. En el mismo instante, hubo un destello en mi cerebro, los nervios respondieron, los músculos se contrajeron, giré 180 grados y aterricé sobre mis manos. Reanudé mi marcha como si nada hubiera pasado cuando el desconocido me alcanzó. «¿Cuántos años tienes?», me preguntó, observándome críticamente. «Oh, unos cincuenta y nueve», respondí, «¿por qué?». «Bueno», dijo, «he visto a un gato hacer eso, pero nunca a un hombre». Hace aproximadamente un mes quise encargar unas nuevas gafas y fui a un oculista que me sometió a las pruebas habituales. Él me miró incrédulo mientras yo leía con facilidad la letra más pequeña a una distancia considerable. Pero cuando le dije que tenía más de sesenta años, se quedó boquiabierto. Mis amigos suelen comentar que mis trajes me quedan como guantes, pero no saben que toda mi ropa está hecha con medidas que se tomaron hace casi treinta y cinco años y que nunca han cambiado. Durante este mismo período, mi peso no ha variado ni un kilo.

A este respecto, puedo contar una anécdota curiosa. Una noche, en el invierno de 1885, el Sr. Edison, Edward H. Johnson, presidente de la Edison Illuminating Company de la Compañía de Iluminación Edison, el Sr. Batchellor, director de la fábrica, y yo mismo entramos en un pequeño despacho frente al 65 de la Quinta Avenida, donde se encontraban las oficinas de la empresa. Alguien sugirió adivinar los pesos y me indujeron a subirme a una báscula. Edison me palpó por completo y dijo: «Tesla pesa 152 libras», y lo acertó exactamente. Desnudo pesaba 142 libras y ese sigue siendo mi peso. Le susurré al Sr. Johnson: «¿Cómo es posible que Edison haya podido adivinar mi peso con tanta exactitud?». «Bueno», dijo, bajando la voz, «te lo diré confidencialmente, pero no debes decir nada. Estuvo empleado durante mucho tiempo en un matadero de Chicago donde pesaba miles de cerdos cada día. Por eso». Mi amigo, el honorable Chauncey M. Depew, cuenta que un inglés, al que le soltó una de sus originales anécdotas, le escuchó con expresión de perplejidad, pero un año después se rio a carcajadas. Confieso francamente que yo tardé más tiempo en apreciar la broma de Johnson.

Ahora, mi bienestar es simplemente el resultado de un modo de vida cuidadoso y medido, y tal vez lo más sorprendente es que en mi juventud, en tres ocasiones, fui vencido por la enfermedad, me convertí en una ruina física irremediable y fui abandonado por los médicos. Además, por ignorancia y ligereza, me vi envuelto en toda clase de dificultades, peligros y líos de los que salí como por arte de magia. Estuve a punto de ahogarme una docena de veces; casi fui hervido vivo y casi fui incinerado. Estuve sepultado, perdido y congelado. Me escapé por los pelos de perros locos, cerdos y otros animales salvajes. Pasé por enfermedades terribles y me encontré con todo tipo de percances extraños, y que hoy esté sano y saludable parece un milagro. Pero al recordar estos incidentes en mi mente, me siento convencido de que mi conservación no fue del todo accidental.

El empeño de un inventor es esencialmente salvar vidas. Ya sea aprovechando las fuerzas, mejorando los dispositivos o proporcionando nuevas comodidades y conveniencias, está añadiendo seguridad a nuestra existencia. Además, está mejor cualificado que el individuo medio para protegerse a sí mismo en caso de peligro, ya que es observador e ingenioso.

Si no tuviera otra prueba de que estoy, en cierta medida, dotado de tales cualidades, la encontraría en estas experiencias personales. El lector podrá juzgar por sí mismo si menciono uno o dos ejemplos.

En una ocasión, cuando tenía unos catorce años, quise asustar a unos amigos que se estaban bañando conmigo. Mi plan era sumergirme bajo una larga estructura flotante y salir sin hacer ruido por el otro extremo. Nadar y bucear me resultaba tan natural como a un pato y estaba seguro de poder realizar la hazaña. Por lo tanto, me zambullí en el agua y, cuando me perdieron de vista, me di la vuelta y me dirigí rápidamente hacia el lado opuesto. Pensando que estaba a salvo más allá de la estructura, subí a la superficie, pero para mi consternación me golpeé con una viga. Por supuesto, me sumergí rápidamente y seguí avanzando con brazadas rápidas hasta que la respiración empezó a fallar. Al subir por segunda vez, mi cabeza volvió a chocar con una viga. Empezaba a desesperarme. Sin embargo, haciendo acopio de toda mi energía, hice un tercer intento frenético, pero el resultado fue el mismo. La tortura de la respiración reprimida se hacía insoportable, mi cerebro se tambaleaba y sentí que me hundía.

En ese momento, cuando mi situación parecía absolutamente desesperada, experimenté uno de esos destellos de luz y la estructura sobre mí desapareció ante mi vista. Distinguí o adiviné que había un pequeño espacio entre la superficie del agua y las tablas apoyadas en las vigas y, con la conciencia casi perdida, floté hacia arriba, presioné mi boca cerca de las tablas y logré inhalar un poco de aire, desgraciadamente mezclado con un chorro de agua que casi me ahoga. Repetí varias veces este procedimiento como en un sueño hasta que mi corazón, que se aceleraba, se calmó y recuperé la compostura. Después hice varias inmersiones sin éxito, habiendo perdido completamente el sentido de la orientación, pero finalmente logré salir de la trampa cuando mis amigos ya me habían dado por vencido y estaban repescando mi cuerpo.

Esa temporada de baño se me estropeó por una imprudencia, pero pronto olvidé la lección y apenas dos años después caí en un aprieto peor. Había un gran molino de harina con una presa al otro lado del río cerca de la ciudad donde estudiaba en aquella época. Por lo general, la altura del agua era de sólo dos o tres pulgadas por encima de la presa y nadar hasta ella era un deporte carente de peligro que practicaba a menudo. Un día fui solo al río para divertirme como de costumbre.

Sin embargo, cuando me encontraba a poca distancia de la presa, observé con horror que el agua había subido y me arrastraba rápidamente. Intenté alejarme, pero ya era demasiado tarde. Por suerte, me salvé de ser arrastrado por la pared con las dos manos. Pero la presión contra mi pecho era grande y apenas podía mantener la cabeza por encima de la superficie. No había ni un alma y mi voz se perdía en el estruendo de la caída. Lenta y gradualmente me agoté y no pude soportar más el esfuerzo. Justo cuando estaba a punto de soltarme para estrellarme contra las rocas de abajo, vi en un destello de luz un diagrama que me era familiar que ilustraba el principio hidráulico de que la presión de un fluido en movimiento es proporcional a la superficie expuesta, y automáticamente giré sobre mi lado izquierdo. Como por arte de magia, la presión se redujo y me resultó que en esa posición era relativamente fácil resistir la fuerza de la corriente. Pero el peligro seguía enfrentándose a mí. Sabía que tarde o temprano sería arrastrado hacia abajo, ya que no era posible que ninguna ayuda me alcanzara a tiempo, aunque atrajera la atención.

Ahora soy ambidiestro, pero en aquel entonces era zurdo y tenía relativamente poca fuerza en mi brazo derecho. Por esta razón no me atrevía a girar sobre el otro lado para descansar y no me quedaba más que empujar lentamente mi cuerpo a lo largo de la presa. Tuve que alejarme del molino hacia el que estaba encarado, ya que la corriente era mucho más rápida y profunda. Fue una prueba larga y dolorosa y estuve a punto de fracasar al final porque me encontré con una depresión en la mampostería. Me las arreglé para pasar con la última onza de mi fuerza y caí desmayado al llegar a la orilla, donde me encontraron. Había arrancado prácticamente toda la piel de mi lado izquierdo y pasaron varias semanas antes de que la fiebre cediera y me recuperara. Éstos son sólo dos de los muchos ejemplos, pero pueden ser suficientes para demostrar que si no hubiera sido por el instinto de inventor, no habría vivido para contar esta historia.

Las personas interesadas me han preguntado a menudo cómo y cuándo empecé a inventar cosas. A esto sólo puedo responder que el primer intento que recuerdo fue bastante ambicioso, ya que se trataba al mismo tiempo de la invención de un aparato y un método. En el primero me anticipé, pero el segundo fue original. Sucedió de la siguiente manera. Uno de mis compañeros de juego había llegado a poseer un anzuelo y unos aparejos de pesca que crearon un gran revuelo en el pueblo, y a la mañana siguiente todos salieron a pescar ranas. Yo me quedé solo y abandonado debido a una disputa con este chico.

Nunca había visto un anzuelo de verdad y lo imaginaba como algo maravilloso, dotado de cualidades peculiares, y estaba desesperado por no ser uno más del grupo. Urgido por la necesidad, de alguna manera me hice con de un trozo de alambre de hierro blando, martillé entre dos piedras el extremo hasta convertirlo en una punta afilada, lo doblé para darle forma y lo sujeté a una cuerda fuerte. Luego corté una caña, recogí un poco de cebo y bajé al arroyo, donde había ranas en abundancia. Pero no pude pescar ninguna y estaba casi desanimado cuando se me ocurrió colgar el anzuelo vacío delante de una rana sentada en un tocón. Al principio se desplomó, pero poco a poco sus ojos se desorbitaron y se enrojecieron, se hinchó al doble de su tamaño normal y dio un fuerte chasquido al anzuelo. Inmediatamente la levanté. Intenté lo mismo una y otra vez y el método resultó infalible. Cuando mis compañeros, que a pesar de su buen equipo no habían pescado nada, se acercaron a mí, se pusieron verdes de envidia. Durante mucho tiempo guardé mi secreto y disfruté del monopolio, pero finalmente cedí al espíritu de la Navidad. Todos los niños pudieron hacer lo mismo y el verano siguiente fue catastrófico para las ranas.

En mi siguiente intento, parece que actué bajo el primer impulso instintivo que más tarde me dominó: aprovechar las energías de la naturaleza al servicio del hombre. Lo hice a través de las chinches de mayo (o chinches de junio, como se llaman en América), que eran una verdadera plaga en aquel país y que a veces rompían las ramas de los árboles con el mero peso de sus cuerpos. Los arbustos estaban negros con ellas. Yo unía hasta cuatro de ellas a un rotor en un eje delgado y transmitía el movimiento del mismo a un gran disco y así obtenía una considerable «potencia». Estas criaturas eran notablemente eficientes, ya que una vez que se ponían en marcha, no tenían sentido para detenerse y continuaban girando durante horas y horas, y cuanto más calor hacía, más trabajaban. Todo iba bien hasta que un extraño muchacho llegó al lugar. Era el hijo de un oficial retirado del Ejército austriaco. Esa especie de erizo se comía las chinches de mayo vivas y las disfrutaba como si como si fueran las mejores ostras de Arcachon. Ese repugnante espectáculo puso fin a mis esfuerzos en este prometedor campo y desde entonces no he sido capaz de tocar a ningún otro insecto.

Después de eso, creo que emprendí el desmontaje y montaje de los relojes de mi abuelo. En la primera operación siempre tuve éxito, pero a menudo fracasé en la segunda. Así que tuve que detener mi trabajo de forma repentina de una manera no demasiado delicada y pasaron treinta años antes de que volviera a abordar otro mecanismo de relojería.

Poco después me dediqué a la fabricación de una especie de pistola que consistía en un tubo hueco, un pistón y dos tapones de cáñamo. Al disparar el arma, el pistón se presionaba contra el estómago y el tubo se empujaba hacia atrás rápidamente con ambas manos. El aire entre los tapones se comprimía y se elevaba a una alta temperatura y uno de ellos era expulsado con un fuerte sonido. El truco consistía en seleccionar un tubo de la forma cónica adecuada entre los tallos huecos. Lo hice muy bien con esa pistola, pero mis actividades interferían con los cristales de las ventanas de nuestra casa y me encontré con un doloroso rechazo. Si no recuerdo mal, me dediqué a tallar espadas con los muebles que podía conseguir. En aquella época estaba bajo el influjo de la poesía nacional serbia y admiraba las hazañas de los héroes. Solía pasar horas acribillando a mis enemigos en forma de tallos de maíz, lo cual arruinaba las cosechas y me valió varios azotes de mi madre. Además, estos no eran imaginarios, sino de verdad.

Todo esto y mucho más ocurrió antes de cumplir yo los seis años y haber pasado un año en la escuela primaria en el pueblo de Smiljan, donde nací. En esta coyuntura nos trasladamos a la pequeña y cercana ciudad de Gospic. Este cambio de residencia fue para mí una calamidad. Casi me rompió el corazón tener que separarme de nuestras palomas, gallinas y ovejas, y de nuestra magnífica bandada de gansos que solían subir a las nubes por la mañana y volver de los comederos al atardecer en formación de batalla, tan perfecta que habría impresionado a un escuadrón de los mejores aviadores de la actualidad. En nuestra nueva casa yo no era más que un prisionero que observaba a la gente extraña que veía a través de las persianas. Mi timidez era tal que hubiera preferido enfrentarme a un león rugiente que a uno de los tipos de la ciudad que se paseaban por allí. Pero mi prueba más dura llegó un domingo cuando tuve que vestirme y asistir al servicio. Allí me encontré con un accidente, cuya sola idea me hizo cuajar la sangre como leche agria durante años después. Fue mi segunda aventura en una iglesia. No mucho antes estuve sepultado por una noche en una vieja capilla en una montaña inaccesible que sólo se visitaba una vez al año. Fue una experiencia horrible, pero ésta fue peor. Había una señora rica en la ciudad, una mujer buena pero pomposa, que solía venir a la iglesia magníficamente pintada y ataviada con una enorme cola y muchos asistentes. Un domingo acababa de sonar la campana en el campanario y me apresuré a bajar cuando esta gran dama estaba barriendo y salté sobre su cola. Se desprendió con un ruido de desgarro que sonó como una salva de mosquetes disparada por reclutas sin experiencia. Mi padre estaba lívido de rabia. Me dio una suave bofetada en la mejilla, el único castigo corporal que me administró en toda mi vida, pero casi lo siento ahora. La vergüenza y la confusión que siguieron son indescriptibles. Prácticamente me condenaron al ostracismo hasta que ocurrió algo que me redimió en la estimación de la comunidad.

Un joven comerciante emprendedor había organizado un cuerpo de bomberos. Se compró un nuevo camión de bomberos, se le proporcionaron uniformes y los hombres fueron entrenados para el servicio y el desfile. El camión era, en realidad, una bomba que debía ser manejada por dieciséis hombres y estaba bellamente pintada de rojo y negro. Una tarde se preparó la prueba oficial y se transportó la máquina al río. Toda la población acudió a presenciar el gran espectáculo. Cuando concluyeron todos los discursos y las ceremonias, se dio la orden de bombear, pero no salió ni una gota de agua de la boquilla. Los profesores y expertos intentaron en vano localizar el problema. La efervescencia era total cuando llegué al lugar. Mi conocimiento del mecanismo era nulo y no sabía casi nada de la presión del aire, pero instintivamente busqué la manguera de succión en el agua y descubrí que había colapsado. Cuando la metí en el río y la abrí, el agua se precipitó y no pocos vestidos de domingo se estropearon. Arquímedes corriendo desnudo por las calles de Siracusa y gritando Eureka a todo pulmón no causó mayor impresión que yo. Me llevaron a hombros y fui el héroe del día.

Al instalarme en la ciudad, comencé un curso de cuatro años en la llamada Escuela Normal como preparatorio de mis estudios en el Colegio o Real Gimnasio. Durante este período continuaron mis esfuerzos y hazañas infantiles, así como los problemas. Entre otras cosas, alcancé la singular distinción de campeón de caza de cuervos del país. Mi método de proceder era sumamente sencillo. Iba al bosque, me escondía entre los arbustos e imitaba la llamada del pájaro. Por lo general, obtenía varias respuestas y en poco tiempo un cuervo revoloteaba en los arbustos cerca de mí. Después sólo tenía que lanzar un trozo de cartón para distraer su atención, saltar y agarrarlo antes de que pudiera salir de la maleza. De este modo, capturaba todos los que deseaba.

Pero en una ocasión ocurrió algo que me hizo respetarlos. Yo había capturado una buena pareja de pájaros y volvía a casa con un amigo. Cuando salimos del bosque, miles de cuervos se habían reunido haciendo un ruido espantoso. En pocos minutos se levantaron en persecución y pronto nos envolvieron. La diversión duró hasta que de repente recibí un golpe en la nuca que me derribó. Entonces me atacaron con saña. Me vi obligado a soltar a los dos pájaros y me alegré de reunirme con mi amigo, que se había refugiado en una cueva.

En el aula había algunos modelos mecánicos que me fascinaban y me interesé por las turbinas de agua. Construí un montón de ellas y me gustaba mucho hacerlas funcionar. Un incidente puede ilustrar lo extraordinaria que era mi vida. A mi tío no le hacía gracia este tipo de pasatiempo y más de una vez me reprendió. Yo estaba fascinado por una descripción de las cataratas del Niágara que había visto y me imaginaba una gran rueda que corría junto a las cataratas. Le dije a mi tío que iría a América y llevaría a cabo este plan. Treinta años más tarde, vi mis ideas realizadas en el Niágara y me maravillé del insondable misterio de la mente.

Construí todo tipo de otros artilugios y artimañas, pero entre éstos, las arbalistas que produje fueron los mejores. Mis flechas, al ser disparadas, desaparecían de la vista y a corta distancia atravesaban un tablón de pino de una pulgada de espesor. Por el continuo tensado de los arcos, desarrollé un callo en la piel en el estómago muy parecido al de un cocodrilo y a menudo me pregunto si es debido a este ejercicio que sea capaz incluso ahora de digerir adoquines. Tampoco puedo pasar en silencio mis actuaciones con el cabestrillo que me habrían permitido dar una impresionante exhibición en el Hipódromo.

Y ahora contaré una de mis hazañas con este antiguo instrumento de guerra que pondrá a prueba la credulidad del lector. Estaba practicando mientras caminaba con mi tío a lo largo del río. El sol se ponía, las truchas jugueteaban y de vez en cuando una salía disparada al aire y con su cuerpo reluciente se definía nítidamente contra una roca que sobresalía más allá. Por supuesto, cualquier niño podría haber dado con un pez en estas condiciones propicias, pero yo emprendí una tarea mucho más difícil y le predije a mi tío, con todo lujo de detalles, lo que pretendía hacer. Debía lanzar una piedra al encuentro del pez, presionar su cuerpo contra la roca y cortarlo en dos. No sólo se dijo, sino que se hizo. Mi tío me miró casi asustado y exclamó: «¡*Vade retro*, Satanás!», y pasaron algunos días antes de que me volviera a hablar. Otros recuerdos, por importantes que sean, serán omitidos, eclipsados por éste, pero siento que podría descansar tranquilamente en los laureles durante mil años.

Capítulo 3

Mis esfuerzos posteriores

El descubrimiento del campo magnético giratorio

A la edad de diez años ingresé en el Real Gimnasio, que era una institución nueva y bastante bien equipada. En el departamento de física había varios modelos de aparatos científicos clásicos, eléctricos y mecánicos. Las demostraciones y experimentos realizados de vez en cuando por los instructores me fascinaban y eran, sin duda, un poderoso incentivo para la invención. También me apasionaban los estudios matemáticos y a menudo me ganaba los elogios del profesor por mi rapidez de cálculo. Esto se debía a mi facilidad adquirida para visualizar las figuras y realizar las operaciones, no de la manera intuitiva habitual, sino como en la vida real. Hasta un cierto grado de complejidad, me daba absolutamente lo mismo que escribiera los símbolos en la pizarra o que los conjurara ante mi visión mental. Pero el dibujo a mano alzada, al que se dedicaron muchas horas del curso, era una molestia que no podía soportar. Esto era bastante notable, ya que la mayoría de los miembros de la familia sobresalían en ello. Tal vez mi aversión se debía simplemente por la predilección que encontraba en el pensamiento imperturbable. De no haber sido por unos pocos chicos excepcionalmente estúpidos, que no podían hacer nada en absoluto, mis calificaciones hubieran sido las peores. Era una desventaja grave, ya que en el régimen educativo de entonces el dibujo era obligatorio, y esta deficiencia amenazaba con arruinar toda mi carrera y mi padre tuvo considerables problemas para llevarme de una clase a otra.

En el segundo año en esa institución, me obsesioné con la idea de producir un movimiento continuo mediante una presión de aire constante. El incidente de la bomba, del que he hablado, había encendido mi imaginación juvenil y me impresionó con las ilimitadas habilidades de un vacío. Me volví obsesivo en mi deseo de aprovechar esta energía inagotable, pero durante mucho tiempo anduve a tientas en la oscuridad. Finalmente, sin embargo, mis esfuerzos cristalizaron en un invento que me permitiría lograr lo que ningún otro mortal había intentado.

Imagínese un cilindro que gira libremente sobre dos cojinetes y que está parcialmente rodeado por un rectángulo que se adapta perfectamente a él. El lado abierto de la cubeta está cerrado por un tabique, de modo que el segmento cilíndrico dentro del recinto divide a éste en dos compartimentos totalmente separados entre sí por juntas de deslizamiento. Uno de estos compartimentos se sella y se agota de una vez por todas y el otro permanece abierto, se produce una rotación perpetua del cilindro, al menos así lo creía yo. Un modelo de madera fue construido y ajustado con infinito cuidado, y cuando apliqué la bomba en uno de los lados y observé que tendía a girar, me puse a delirar de alegría. El vuelo mecánico era lo único que quería lograr, aunque todavía estaba bajo el recuerdo desalentador de una mala caída que sufrí al saltar con un paraguas desde lo alto de un edificio. Todos los días me transportaba a través del aire a regiones lejanas, pero no podía entender cómo me las arreglaba para hacerlo.

Ahora tenía algo concreto: una máquina voladora con nada más que un eje giratorio, unas alas que baten y un vacío de potencia ilimitada.

Desde ese momento, hice mis excursiones aéreas diarias en un vehículo de confort y de lujo, como podría haber sido el rey Salomón. Pasaron años antes de que entendiera que la presión atmosférica actuaba en ángulo recto con la superficie del cilindro y que el ligero esfuerzo de rotación que observaba se debía a una fuga. Aunque este conocimiento llegó gradualmente, me produjo un doloroso choque.

Apenas había terminado mi curso en el Real Gimnasio cuando una peligrosa enfermedad, o mejor dicho, una veintena de ellas, me obligaron a guardar cama y mi estado llegó a ser tan desesperado que fui abandonado por los médicos. Durante este período se me permitió leer sin limitaciones, obteniendo libros de la Biblioteca Pública que habían sido descuidados y que me fueron confiados para la clasificación de las obras y la preparación de los catálogos. Un día me entregaron unos volúmenes de literatura nueva que no se parecía a nada de lo que había leído antes y que era tan cautivante como para hacerme olvidar por completo mi estado de desesperación. Eran las primeras obras de Mark Twain y a ellas se debió la milagrosa recuperación que siguió. Veinticinco años después, cuando conocí al señor Clemens y entablamos una amistad entre nosotros, le conté la experiencia y me sorprendió ver que aquel gran humorista se puso a llorar.

Mis estudios continuaron en el Real Gimnasio superior de Carlstadt, Croacia, donde residía una de mis tías. Ella era una distinguida dama, la esposa de un coronel que era un viejo jinete de guerra que había participado en muchas batallas. Nunca podré olvidar los tres años que pasé en su casa. Ninguna fortaleza en tiempos de guerra estuvo sometida a una disciplina más rígida. Me alimentaban como a un pájaro canario. Todas las comidas eran de la más alta calidad y deliciosamente preparadas, pero escasas en cantidad en un mil por ciento. Las lonchas de jamón cortadas por mi tía eran como papel de seda. Cuando el coronel me ponía algo sustancioso en el plato, ella lo me lo arrebataba y le decía emocionado: «Ten cuidado, Niko es muy delicado». Yo tenía un apetito voraz y sufría como Tántalo. Pero vivía en un ambiente de refinamiento y gusto artístico bastante inusual para aquellos tiempos y condiciones. La zona era baja y pantanosa y la fiebre de la malaria nunca me abandonó mientras estuve allí, a pesar de las enormes cantidades de quinina que consumí. De vez en cuando, el río subía y metía un ejército de ratas en los edificios, devorando todo, incluso los fardos del feroz pimentón. Estas plagas eran para mí una grata diversión. Disminuí sus filas por todo tipo de medios, lo que me ganó en la comunidad la poco envidiable distinción de cazador de ratas. Sin embargo, al final, mi curso se acabó, la miseria terminó y obtuve el certificado de madurez que me llevó a la encrucijada.

Durante todos esos años, mis padres nunca vacilaron en su decisión de hacerme abrazar el clero, cuya sola idea me llenaba de temor. Yo me había interesado por la electricidad bajo la estimulante influencia de mi profesor de física, que era un hombre ingenioso y a menudo demostraba los principios por medio de aparatos de su propia invención. Entre ellos recuerdo un dispositivo en forma de bombilla que giraba libremente, con revestimiento de papel de aluminio, que se hacía girar rápidamente cuando se conectaba a una máquina estática. Me resulta imposible transmitir una idea adecuada de la intensidad del sentimiento que experimenté al presenciar sus exhibiciones de estos misteriosos fenómenos. Cada impresión produjo mil ecos en mi mente. Quería saber más de esta fuerza maravillosa; anhelaba experimentar e investigar, y me resigné a lo inevitable con el corazón dolorido.

Justo cuando me preparaba para el largo viaje a casa, recibí la noticia de que mi padre deseaba que fuera a una cacería. Era una petición extraña, ya que él siempre se había opuesto enérgicamente a este tipo de deporte. Pero a los pocos días me enteré de que el cólera estaba haciendo estragos en la zona y, aprovechando la oportunidad, volví a Gospic desoyendo los deseos de mis padres. Es increíble la absoluta ignorancia de la gente en cuanto a las causas de este azote que visitaba el país en intervalos de quince a veinte años. Pensaban que los agentes mortales se transmitían por el aire y lo llenaban de olores penetrantes y humo. Mientras tanto, bebían el agua infectada y morían a montones. Yo contraje la horrible enfermedad el mismo día de mi llegada y aunque sobreviví a la crisis, estuve confinado en la cama durante nueve meses sin apenas poder moverme. Mi energía se agotó por completo y por segunda vez me encontré a las puertas de la muerte. En uno de los momentos de hundimiento, que se pensó que era el último, mi padre entró corriendo en la habitación. Todavía veo su rostro pálido mientras intentaba animarme con un tono que contradecía su seguridad. «Tal vez», le dije, «pueda si me dejas estudiar ingeniería». «Irás a la mejor institución técnica del mundo», respondió solemnemente, y supe que lo decía en serio. Me quité un gran peso de encima, pero el alivio habría llegado demasiado tarde si no hubiera sido por una maravillosa curación producida por una decocción amarga de una peculiar habichuela. Volví a la vida como otro Lázaro ante el asombro de todo el mundo.

Mi padre insistió en que pasara un año haciendo ejercicios físicos saludables al aire libre, a lo que accedí a regañadientes. Durante la mayor parte de este período, vagabundeé por las montañas, cargado con un equipo de cazador y un montón de libros, y este contacto con la naturaleza me hizo más fuerte tanto en el cuerpo como en la mente. Pensaba y planificaba, y concebí muchas ideas casi por regla general ilusorias. La visión era bastante clara, pero el conocimiento de los principios era muy limitado. En uno de mis inventos, propuse transportar cartas y paquetes a través de los mares dentro de un tubo submarino, en contenedores esféricos de suficiente fuerza para resistir la presión hidráulica. La planta de bombeo, destinada a forzar el agua a través del tubo, fue calculada y diseñada con precisión y todos los demás detalles funcionaron convenientemente. Sólo un detalle insignificante, sin importancia, fue descartado a la ligera. Supuse una velocidad arbitraria del agua y, lo que es más, me complació hacerla alta, llegando así a un rendimiento estupendo apoyado en cálculos impecables. Sin embargo, reflexiones posteriores sobre la resistencia de las tuberías al flujo de los fluidos me determinaron a hacer esta invención de propiedad pública.

Otro de mis proyectos consistía en construir un anillo alrededor del ecuador que, por supuesto, flotara libremente y pudiera ser detenido en su movimiento giratorio por fuerzas de reacción, lo que permitiría viajar a una velocidad de unos mil kilómetros por hora, algo impracticable por ferrocarril. El lector sonreirá. El plan era de difícil ejecución, lo admito, pero no tan malo como el de un conocido profesor de Nueva York, que quería bombear el aire de las zonas tórridas a las zonas templadas, olvidando por completo el hecho de que el Señor había proporcionado una gigantesca máquina para este mismo propósito.

Otro esquema, mucho más importante y atractivo, consistía en obtener energía de la energía de rotación de los cuerpos terrestres. Había descubierto que los objetos que están en la superficie de la tierra, debido a la rotación diurna del globo, son llevados por la misma alternativamente en y contra la dirección del movimiento de traslación. De esto resulta un gran cambio en el impulso que podría ser utilizado de la manera más simple imaginable para proporcionar un esfuerzo motriz en cualquier región habitable del mundo. No puedo encontrar palabras para describir mi decepción cuando más tarde me di cuenta de que estaba en la situación de Arquímedes, que buscaba en vano un punto fijo en el universo.

Al final de mis vacaciones me enviaron a la Escuela Politécnica de Gratz, Estiria, que mi padre había elegido por ser una de las instituciones más antiguas y reputadas. Era el momento que esperaba con impaciencia y empecé mis estudios bajo buenos auspicios y firmemente decidido a triunfar. Mi formación previa estaba por encima de la media debido a las enseñanzas de mi padre y a las oportunidades que me brindó. Había adquirido el conocimiento de varios idiomas y devorado varias bibliotecas, recogiendo información más o menos útil. Además, por primera vez, podía elegir las asignaturas a mi gusto, y el dibujo a mano alzada no iba a molestarme más.

Me había propuesto dar una sorpresa a mis padres, y durante todo el primer año comencé mi trabajo regularmente a las tres de la mañana y hasta las once de la noche, sin excepción de domingos y festivos. Como la mayoría de mis compañeros se tomaban las cosas a la ligera, naturalmente los eclipsé a todos con mis calificaciones. En el curso de ese año pasé nueve exámenes y los profesores decidieron que merecía más que las más altas calificaciones. Armado de sus halagadores certificados, volví a casa para un breve descanso, esperando un triunfo, y fui mortificado cuando mi padre se burló de estos honores tan duramente ganados. Eso casi acaba con mi ambición, pero más tarde, después de su muerte, me dolió encontrar un paquete de cartas que los profesores le habían escrito diciéndole que si no me sacaba de la Institución, me mataría a mí mismo por exceso de trabajo.

A partir de entonces me dediqué principalmente a la física, la mecánica y los estudios matemáticos, pasando las horas de ocio en las bibliotecas. Tenía una verdadera manía de terminar todo lo que empezaba, lo que a menudo me ponía en dificultades. En una ocasión empecé a leer las obras de Voltaire cuando me enteré, para mi consternación, que había cerca de cien grandes volúmenes en letra pequeña que ese monstruo había escrito mientras bebía setenta y dos tazas de café negro al día. Había que hacerlo, pero cuando dejé a un lado el último volumen, me alegré mucho, y dije: «¡Nunca más!».

Mi primer año de trabajo me hizo ganar el aprecio y la amistad de varios profesores. Entre ellos se encontraban el profesor Rogner, que daba clases de aritmética y geometría; el profesor Poeschl, que ocupaba la cátedra de física teórica y experimental; y el Dr. Alle, que enseñaba cálculo integral y estaba especializado en ecuaciones diferenciales. Este científico era el conferenciante más brillante al que nunca he escuchado. Se interesaba especialmente por mis progresos y a menudo se quedaba una o dos horas en la sala de conferencias, dándome problemas para que los resolviera, en los que me deleitaba. Le expliqué una máquina voladora que había concebido, no una invención ilusoria, sino una basada en principios científicos, que se ha hecho realidad gracias a mi turbina y que pronto será entregada al mundo. Tanto los profesores Rogner como Poeschl eran hombres curiosos. El primero tenía formas peculiares de expresarse y siempre que lo hacía se producía un tumulto, seguido de una larga y embarazosa pausa. El profesor Poeschl era un alemán metódico y con los pies en la tierra. Tenía unos pies enormes y manos como las patas de un oso, pero todos sus experimentos se realizaban hábilmente con la precisión de un reloj y sin un fallo.

Fue en el segundo año de mis estudios cuando recibimos de París una dínamo Gramme, que tenía la forma de herradura de un imán de campo laminado, y una armadura de alambre con un conmutador. Se conectó y se mostraron varios efectos de las corrientes. Cuando el profesor Poeschl hacía demostraciones, mientras la máquina funcionaba como un motor, las escobillas dieron problemas, chispeando mal, y observé que era posible hacer funcionar un motor sin estos aparatos. Pero él declaró que no se podía hacer y me hizo el honor de dar una conferencia sobre el tema, al final de la cual comentó: «El Sr. Tesla puede lograr grandes cosas, pero ciertamente nunca hará esto. Eso equivaldría a convertir una fuerza de atracción constante, como la de la gravedad, en una fuerza rotatoria. Sería un esquema de movimiento perpetuo, una idea imposible». Pero el instinto es algo que trasciende el conocimiento. Tenemos, sin duda, ciertas fibras más finas que nos permiten percibir verdades cuando la deducción lógica, o cualquier otro esfuerzo voluntario del cerebro, es inútil. Durante un tiempo vacilé, impresionado por la autoridad del profesor, pero pronto me convencí de que tenía razón y emprendí la tarea con toda la fogosidad y la confianza ilimitada de la juventud.

Empecé por imaginarme una máquina de corriente continua, poniéndola en marcha y siguiendo el flujo cambiante de las corrientes en la armadura. Luego imaginaba un alternador e investigaba los procesos que tenían lugar de manera similar. A continuación, visualizaba sistemas compuestos por motores y generadores y los hacía funcionar de varias maneras. Las imágenes que veía eran para mí perfectamente reales y tangibles. Todo el tiempo que me quedaba en Gratz lo pasé en intensos pero infructuosos esfuerzos de este tipo, y casi llegué a la conclusión de que el problema era irresoluble.

En 1880 fui a Praga, Bohemia, cumpliendo el deseo de mi padre de completar mi educación en la Universidad de allí. Fue en esa ciudad donde realicé un decidido avance que consistía en separar el conmutador de la máquina y estudiar los fenómenos bajo este nuevo aspecto, pero aún sin resultado. En el año siguiente se produjo un cambio repentino en mi visión de la vida. Me di cuenta de que mis padres hacían demasiados sacrificios por mí y resolví aliviarlos de la carga. La ola de la telefonía americana acababa de llegar al continente europeo y el sistema iba a instalarse en Budapest, Hungría. Parecía una oportunidad ideal, tanto más cuanto que un amigo de nuestra familia estaba a la cabeza de la empresa. Fue aquí donde sufrí el colapso completo de los nervios al que me he referido.

Lo que viví durante el período de esa enfermedad supera toda creencia. Mi vista y el oído fueron siempre extraordinarios. Podía discernir claramente objetos en la distancia cuando otros no veían ni rastro de ellos. Varias veces, durante mi infancia, salvé las casas de nuestros vecinos de un incendio al escuchar los débiles sonidos crepitantes de las brasas que no perturbaban su sueño y pedir ayuda. En 1899, cuando tenía más de cuarenta años y continuaba con mis experimentos en Colorado, podía oír muy claramente los truenos a una distancia de 550 millas. El límite de audición para mis jóvenes ayudantes era apenas más de 150 millas. Mi oído era, pues, más de trece veces más sensible que el suyo. Sin embargo, en ese momento yo estaba, por así decirlo, sordo como una tapia en comparación con la agudeza de mi oído cuando estaba bajo la tensión nerviosa. En Budapest podía oír el tic-tac de un reloj con tres habitaciones entre mí y el reloj. Una mosca que se posaba en una mesa de la habitación provocaba un ruido sordo en mi oído. El paso de un carruaje a pocos kilómetros de distancia me hacía temblar el cuerpo entero. El silbido de una locomotora a 20 o 30 millas de distancia hacía que el banco o la silla en la que me sentaba vibrara con tanta fuerza que el dolor era insoportable. El suelo bajo mis pies temblaba continuamente. Tenía que apoyar mi cama en cojines de goma para poder descansar. Los ruidos rugientes de cerca y de lejos a menudo me producían el efecto de palabras habladas que me habrían asustado si no hubiera sido capaz de resolverlas en sus componentes accidentales. Los rayos del sol, al ser interceptados periódicamente, causaban golpes de tal fuerza en mi cerebro que me aturdían. Tenía que reunir toda mi fuerza de voluntad para pasar por debajo de un puente u otra estructura al experimentar una presión aplastante en el cráneo. En la oscuridad tenía el sentido de un murciélago y podía detectar la presencia de un objeto a una distancia de 12 pies por una peculiar sensación espeluznante en la frente. Mi pulso variaba de unos pocos a 260 latidos y todos los tejidos del cuerpo se estremecían con sacudidas y temblores, lo cual era tal vez lo más difícil de soportar. Un médico de renombre que me daba diariamente grandes dosis de bromuro de potasio declaró que mi enfermedad era única e incurable.

Lamento eternamente no haber estado bajo la observación de expertos en fisiología y psicología en ese momento. Me aferré desesperadamente a la vida, pero no confiaba en recuperarme. ¿Puede alguien creer que una ruina física tan desesperada pudiera transformarse en un hombre de asombrosa fuerza y tenacidad, capaz de trabajar durante treinta y ocho años casi sin interrupción, y encontrarse todavía fuerte y fresco en cuerpo y mente? Tal es mi caso. Un poderoso deseo de vivir y de continuar con el trabajo, y la ayuda de un amigo devoto y atleta lograron la maravilla. Mi salud regresó y con ella el vigor de la mente. Atacando el problema de nuevo, casi lamenté que la lucha fuera a terminar pronto. Me sobraba mucha energía. Cuando emprendí la tarea, no fue con una resolución como la que suelen tomar los hombres. Para mí era un voto sagrado, una cuestión de vida y muerte. Sabía que perecería si fallaba. Ahora sentía que la batalla estaba ganada. En las profundidades del cerebro estaba la solución, pero aún no podía expresarla. Una tarde, que está siempre presente en mi recuerdo, estaba disfrutando de un paseo con mi amigo en el parque de la ciudad y recitando poesía. A esa edad me sabía libros enteros de memoria, palabra por palabra. Uno de ellos era el Fausto de Goethe. El sol acababa de ponerse y me recordó el pasaje glorioso:

El sol se aleja y cede, pero el día sobrevive, pues aquél marcha hacia otro lugar donde animará nueva vida. ¡Cómo desearía que unas alas me elevaran del suelo y pudiera acercarme a él más y más! Entonces, en el fulgor perenne del ocaso, vería a mis pies al tranquilo mundo: encendidos los altos, serenos los valles y el arroyo de plata fluyendo en corriente dorada. Este vuelo, propio de dioses, no se vería impedido por el salvaje monte lleno de barrancos, y entonces, el mar, con sus tibias ensenadas, se abriría a mis ojos asombrados. Pero, finalmente, parece que el dios Sol se hunde, tan sólo sigue despierta el ansia. Me apresuro para beber su luz eterna. Ante mí, el día, y tras de mí, la noche; sobre mí, el cielo, y abajo, el oleaje. Es un hermoso sueño, pero él se escapa.

Ah, no es tan fácil que a las alas del alma se añadan otras del cuerpo.

Al pronunciar estas inspiradoras palabras, la idea surgió como un relámpago y en un instante se reveló la verdad. Dibujé con un palo en la arena los diagramas que mostraría seis años más tarde en mi discurso ante el Instituto Americano de Ingenieros y mi compañero los entendió perfectamente. Las imágenes que veía eran maravillosamente nítidas, tanto que le dije: «Mira mi motor aquí; observa cómo lo invierto». No puedo describir mis emociones. Pigmalión viendo a su estatua cobrar vida no podría haber estado más profundamente conmovido. Habría dado mil secretos de la naturaleza con los que podría haber tropezado accidentalmente por aquel que le había arrancado contra todo pronóstico y con peligro de mi existencia.

Capítulo 4

El descubrimiento de la bobina y el transformador de Tesla

Durante un tiempo me entregué por completo al intenso placer de imaginar máquinas e idear nuevas formas. Era un estado mental de felicidad tan completo como no he conocido otro en mi vida. Las ideas llegaban en un flujo ininterrumpido y la única dificultad que tenía era mantenerlas fijas. Las piezas de los aparatos que concebía eran para mí absolutamente reales y tangibles en cada detalle, hasta las marcas y signos de desgaste. Me encantaba imaginar los motores, ya que de este modo se presentaban al ojo de la mente como algo más fascinante. Cuando la inclinación natural se convierte en un deseo apasionado, uno avanza hacia su meta con botas de siete leguas. En menos de dos meses, hice evolucionar prácticamente todos los tipos de motores y modificaciones del sistema que ahora se identifican con mi nombre. Fue, tal vez, providencial que las necesidades de la existencia ordenaron una interrupción temporal de esta consumidora actividad de la mente. Llegué a Budapest impulsado por un informe prematuro sobre la empresa telefónica y, por ironía del destino, tuve que aceptar un empleo en la Oficina Central de Telégrafos del Gobierno húngaro, con un sueldo que considero un privilegio no revelar. Afortunadamente, pronto me gané el interés del Inspector en Jefe y a partir de entonces me empleó en diseños y estimaciones en relación con nuevas instalaciones, hasta que se puso en marcha la central telefónica, de la que me hice cargo. Los conocimientos y la experiencia práctica que adquirí en el curso de este trabajo fueron muy valiosos y el empleo me dio amplias oportunidades de ejercitar mis facultades inventivas. Hice varias mejoras en la Estación Central y perfeccioné un repetidor o amplificador telefónico que nunca fue patentado o descrito públicamente, pero que me parece digno de crédito incluso hoy en día. En reconocimiento a mi eficiente ayuda, el organizador de la empresa, el Sr. Puskas, al deshacerse de sus negocios en Budapest, me ofreció un puesto en París que acepté con gusto.

Nunca podré olvidar la profunda impresión que esa mágica ciudad produjo en mi mente. Durante varios días después de mi llegada deambulé por las calles desconcertado por el nuevo espectáculo. Las atracciones eran muchas e irresistibles, pero, por desgracia, los ingresos se gastaban tan pronto como se recibían. Cuando el Sr. Puskas me preguntó cómo me iba, describí la situación con precisión al afirmar que «los últimos veintinueve días del mes son los más duros». Llevaba una vida bastante extenuante en lo que ahora se denominaría «moda rooseveltiana». Todas las mañanas, independientemente del tiempo, iba al Boulevard St. Marcel, donde residía, a una casa de baños en el Sena, y me sumergía en el agua, hacía veintisiete piscinas y luego caminaba una hora para llegar a Ivry, donde estaba la fábrica de la Compañía. Allí desayunaba a las 7:30 de la mañana y luego esperaba ansiosamente la hora del almuerzo, y mientras tanto, cascaba nueces duras para el gerente de la fábrica, el Sr. Charles Batchellor, que era un íntimo amigo y ayudante de Edison. Allí entré en contacto con algunos americanos que se enamoraron de mí por mi destreza en el billar. A estos hombres les expliqué mi invento y uno de ellos, el Sr. D. Cunningham, capataz del Departamento de Mecánica, me ofreció formar una sociedad anónima. La propuesta me pareció extremadamente cómica. No tenía ni la más remota idea de lo que eso significaba, salvo que era una forma americana de hacer las cosas. Sin embargo, nada salió bien, y durante los siguientes meses tuve que viajar de uno a otro lugar de Francia y Alemania para solucionar los problemas de las centrales. A mi regreso a París, presenté a uno de los administradores de la Compañía, el Sr. Rau, un plan para mejorar sus dínamos y se me dio una oportunidad. Mi éxito fue total y los directores, encantados, me concedieron el privilegio de desarrollar reguladores automáticos que eran muy deseados. Poco tiempo después, la instalación de alumbrado que se había instalado en la nueva estación de ferrocarril de Estrasburgo, en Alsacia, tuvo problemas. El cableado era defectuoso y, con motivo de las ceremonias de inauguración, una gran parte de una pared se derrumbó a causa de un cortocircuito en presencia del viejo emperador Guillermo I. El Gobierno alemán se negó a aceptar la planta y la empresa francesa se enfrentó a una grave pérdida. Gracias a mis conocimientos del idioma alemán y a mi experiencia anterior, se me confió la difícil tarea de enderezar los asuntos y a principios de 1883 fui a Estrasburgo con esa misión.

Algunos de los incidentes ocurridos en esa ciudad han dejado un registro indeleble en mi memoria. Por una curiosa coincidencia, varios hombres que posteriormente alcanzaron la fama vivieron allí en esa época. En mi vida posterior solía decir: «Había bacterias de grandeza en esa vieja ciudad. Otros se contagiaron, pero yo escapé». El trabajo práctico, la correspondencia y las conferencias con los funcionarios me tenían ocupado día y noche, pero en cuanto pude arreglármelas, emprendí la construcción de un sencillo motor en un taller mecánico frente a la estación del ferrocarril, habiendo traído conmigo desde París algunos materiales para ese fin. La realización del experimento se retrasó, sin embargo, hasta el verano de ese año, cuando finalmente tuve la satisfacción de ver la rotación efectuada por corrientes alternas de fase diferente, y sin contactos deslizantes ni conmutadores, como había concebido un año antes. Fue un placer exquisito, pero no se puede comparar con el delirio de alegría que siguió a la primera revelación.

Entre mis nuevos amigos se encontraba el antiguo alcalde de la ciudad, el Sr. Bauzin, que ya había conocido en cierta medida ésta y otras invenciones mías y cuyo apoyo traté de conseguir. Se mostró sinceramente entregado a mí y presentó mi proyecto a varias personas adineradas, pero, para mi mortificación, no obtuvo respuesta. Quería ayudarme en todo lo posible, y la proximidad del 1 de julio de 1919 me recuerda una forma de «ayuda» que recibí de ese hombre encantador, que no era financiera, pero que aprecié. En 1870, cuando los alemanes invadieron el país, el Sr. Bauzin había adquirido una buena partida de St. Estephe de 1801 y llegó a la conclusión de que no conocía persona más digna que yo para consumir esa preciosa bebida. Éste es uno de los incidentes inolvidables a los que me refería. Mi amigo me instó a regresar a París lo antes posible y a buscar apoyo allí. Yo estaba ansioso por hacerlo, pero mi trabajo y mis negociaciones se prolongaron debido a todo tipo de problemas.

Para dar una idea de la minuciosidad y «eficiencia» alemanas, puedo mencionar una experiencia bastante divertida. Una lámpara incandescente de 16 c.p. debía ser colocada en un pasillo y, al elegir el lugar adecuado, ordené al obrero que colocara los cables. Después de trabajar un rato, llegó a la conclusión de que había que consultar al ingeniero y así se hizo. Éste último puso varias objeciones, pero al final accedió a que la lámpara se colocara a 5 cm del lugar que yo le había asignado, con lo cual se procedió al trabajo. Entonces el ingeniero se preocupó y me dijo que había que avisar al inspector Averdeck. Esa importante persona llamó, investigó, debatió y decidió que la lámpara debía ser desplazada 5 cm hacia atrás, que era el lugar que yo había marcado. Sin embargo, no pasó mucho tiempo antes de que Averdeck se arrepintiera y me dijera que había que informar al Inspector Superior Hieronimus del asunto y que debía esperar su decisión. Pasaron varios días antes de que el Inspector Superior pudiera liberarse de otros deberes urgentes, pero por fin llegó y se produjo un debate de dos horas y decidió mover la lámpara 5 cm más allá. Mis esperanzas de que éste fuera el acto final se desvanecieron cuando el Inspector Superior regresó y me dijo: «El Consejero de Gobierno Funke es tan particular que no me atrevería a dar una orden de colocar esta lámpara sin su aprobación explícita». En consecuencia, se hicieron arreglos para una visita de ese gran hombre. Empezamos a limpiar y pulir temprano por la mañana. Todo el mundo se cepilló, me puse los guantes y cuando Funke llegó con su comitiva, fue recibido ceremoniosamente. Tras dos horas de deliberación, exclamó de repente: «Debo irme», y señalando un lugar en el techo, me ordenó que pusiera la lámpara allí. Era el lugar exacto que yo había elegido en un principio.

Así fue día tras día con algunas variaciones, pero estaba decidido a conseguirlo a cualquier precio, y al final mis esfuerzos se vieron recompensados. En la primavera de 1884, todas las diferencias se ajustaron, la planta fue aceptada formalmente y regresé a París con gratas expectativas. Uno de los administradores me había prometido una generosa indemnización en caso de éxito, así como una justa consideración de las mejoras que había hecho en sus dínamos, así que esperaba alcanzar una sustancial suma. Había tres administradores, que designaré como A, B y C por discreción. Cuando llamé a A, me dijo que B tenía la palabra. Este señor pensaba que sólo C podía decidir y éste estaba seguro de que sólo A tenía el poder de actuar. Después de varias vueltas de este círculo vicioso, me di cuenta de que mi recompensa era un castillo en España. El fracaso total de mis intentos de reunir capital para el desarrollo fue otra decepción, y cuando el Sr. Batchellor me presionó para que fuera a América con vistas a rediseñar las máquinas de Edison, decidí probar suerte en el país de la promesa dorada. Pero la oportunidad estuvo a punto de perderse. Se volatilizaron mis modestos bienes, perdí mi alojamiento y me encontré en la estación de ferrocarril cuando el tren estaba a punto de salir. En ese momento descubrí que mi dinero y mis billetes habían desaparecido. La cuestión era qué hacer. Hércules tuvo mucho tiempo para deliberar, pero yo tuve que decidir mientras corría junto al tren con sentimientos opuestos surgiendo en mi cerebro como oscilaciones del condensador. La determinación, ayudada por la destreza, se impuso en el momento justo y al pasar por las experiencias habituales, tan triviales como desagradables, logré embarcar hacia Nueva York con los restos de mis pertenencias, algunos poemas y artículos que había escrito, y un paquete de cálculos relativos a las soluciones de una integral irresoluble y a mi máquina voladora. Durante el viaje, estuve sentado la mayor parte del tiempo en la popa del barco esperando la oportunidad de salvar a alguien de una tumba acuática, sin el más mínimo pensamiento de peligro. Más tarde, cuando ya había asimilado algo del sentido práctico americano, me estremecí al recordarlo y me maravillé de mi locura de antaño.

Me gustaría poder expresar con palabras mis primeras impresiones sobre este país. En los *Cuentos árabes* leí cómo el genio transportaba a la gente a una tierra de sueños para vivir a través de deliciosas aventuras. Mi caso fue justo lo contrario. Los genios me habían llevado de un mundo de sueños a uno de realidades. Lo que había dejado era hermoso, artístico y fascinante en todos los sentidos; lo que vi aquí era maquinado, áspero y poco atractivo. Un policía corpulento hacía girar su bastón, que me parecía grande como un tronco. Me acerqué a él cortésmente para pedirle que me orientara. «Seis manzanas más abajo, luego a la izquierda», dijo con mirada de asesino en sus ojos. «¿Esto es América?», me pregunté con dolorosa sorpresa. «Está un siglo por detrás de Europa en cuanto a civilización». Cuando me fui al extranjero en 1889 –habiendo transcurrido cinco años desde mi llegada aquí–, me convencí de que estaba más de cien años por delante de Europa y nada ha sucedido hasta hoy para cambiar mi opinión.

El encuentro con Edison fue un acontecimiento memorable en mi vida. Quedé asombrado por este maravilloso hombre que, sin ventajas tempranas ni formación científica, había logrado tanto. Yo había estudiado una docena de idiomas, profundizado en la literatura y el arte, y había pasado mis mejores años en las bibliotecas leyendo todo tipo de cosas que caía en mis manos, desde los *Principia* de Newton hasta las novelas de Paul de Kock, y sentía que la mayor parte de mi vida había sido desperdiciada. Pero no tardé en reconocer que era lo mejor que podía haber hecho. En pocas semanas me había ganado la confianza de Edison y se produjo de esta manera.

El S.S. Oregón, el barco de vapor de pasajeros más rápido de la época, tenía dos máquinas de iluminación y su navegación se retrasó. Como la superestructura se construyó después de su instalación, fue imposible retirarlas de la bodega. La situación era grave y Edison estaba muy molesto. Por la noche llevé los instrumentos necesarios y subí a bordo del buque, donde pasé la noche. Las dínamos estaban en mal estado, tenían varios cortocircuitos y roturas, pero con la ayuda de la tripulación logré arreglarlas. A las cinco de la mañana, cuando pasaba por la Quinta Avenida de camino a la oficina, me encontré con Edison, con Batchellor y algunos otros que regresaban a casa para retirarse. «Aquí está nuestro parisino corriendo por la noche», me dijo. Cuando le dije que venía del Oregón y que había reparado ambas máquinas, me miró en silencio y se alejó sin decir nada más. Pero cuando se había alejado un poco, le oí comentar: «Batchellor, éste es un hombre muy valioso», y a partir de ese momento tuve libertad para dirigir el trabajo. Durante casi un año, mi horario habitual fue de las 10:30 a.m. hasta las 5:00 a.m. de la mañana siguiente, sin excepción. Edison me dijo: «He tenido muchos asistentes muy trabajadores, pero tú te llevas la palma». Durante este período, diseñé veinticuatro tipos diferentes de máquinas estándar, máquinas con núcleos cortos y de patrón uniforme que sustituyeron a las antiguas. El director me había prometido 50 000 dólares por la realización de esta tarea, pero resultó ser una broma pesada. Esto me causó un doloroso *shock* y renuncié a mi puesto.

Inmediatamente después, algunas personas se me acercaron con la propuesta de formar una compañía de luz bajo mi nombre, a lo que accedí. Por fin se presentaba la oportunidad de desarrollar el motor, pero cuando abordé el tema con mis nuevos socios, me dijeron: «No, queremos la lámpara de arco. No nos interesa la corriente alterna». En 1886 mi sistema de iluminación de arco fue perfeccionado y se adoptó para la iluminación de fábricas y municipios, y yo quedé libre, pero sin otra posesión que un certificado de acciones bellamente grabado de valor hipotético. Luego siguió un período de lucha en el nuevo medio para el que no estaba capacitado, pero al final llegó la recompensa y en abril de 1887 se constituyó la Tesla Electric Company, proporcionando un laboratorio e instalaciones. Los motores que construí allí eran exactamente como los había imaginado. No intenté mejorar el diseño, sino que me limité a reproducir las imágenes tal y como aparecían a mi vista, y el funcionamiento era siempre el esperado.

A principios de 1888, se llegó a un acuerdo con la empresa Westinghouse para la fabricación de los motores a gran escala. Pero todavía había que superar grandes dificultades. Mi sistema se basaba en el uso de corrientes de baja frecuencia y los expertos de Westinghouse habían adoptado 133 ciclos con el fin de obtener ventajas en la transformación. No querían apartarse de sus aparatos estándar y mis esfuerzos debían concentrarse en adaptar el motor a estas condiciones. Otra necesidad fue producir un motor capaz de funcionar eficientemente a esta frecuencia en dos alambres, lo que no era fácil de conseguir.

Sin embargo, a finales de 1889, mis servicios en Pittsburg dejaron de ser esenciales de la misma manera que en el caso de la ciudad de Nueva York. Regresé a Nueva York y reanudé el trabajo experimental en un laboratorio de la calle Grand, donde comencé inmediatamente a diseñar máquinas de alta frecuencia. Los problemas de construcción en este campo inexplorado eran novedosos y bastante peculiares, y me encontré con muchas dificultades. Rechacé el tipo de inductor, temiendo que no produjera ondas sinusoidales perfectas, tan importantes para la acción resonante. Si no hubiera sido por esto, podría haberme ahorrado muchísimo trabajo. Otra característica desalentadora del alternador de alta frecuencia parecía ser la inconstancia de la velocidad que amenazaba con imponer serias limitaciones a su uso. Ya había observado en mis demostraciones ante la Institución Americana de Ingenieros Eléctricos que varias veces la sintonía se perdía, necesitando un reajuste, y aún no preveía, lo que descubrí mucho tiempo después, un medio de hacer funcionar una máquina de este tipo a una velocidad constante hasta el punto de no variar más que una pequeña fracción de una revolución entre los extremos de carga.

Por muchas otras consideraciones, parecía deseable inventar un dispositivo más sencillo para la producción de oscilaciones eléctricas. En 1856, lord Kelvin había expuesto la teoría de la descarga del condensador, pero no se hizo ninguna aplicación práctica de este importante conocimiento. Yo vi las posibilidades y emprendí el desarrollo de aparatos de inducción sobre este principio. Mis progresos fueron tan rápidos que me permitieron exhibir en mi conferencia de 1891 una bobina que daba chispas de cinco pulgadas. En aquella ocasión, hablé con franqueza a los ingenieros de un defecto que se producía en la transformación por el nuevo método, a saber, la pérdida en el hueco de la chispa. La investigación posterior demostró que no importa el medio que se emplee, ya sea aire, hidrógeno, vapor de mercurio, aceite o una corriente de electrones, la eficacia es la misma. Es una ley muy parecida a la que rige la conversión de energía mecánica. Podemos dejar caer un peso desde una cierta altura verticalmente o llevarlo al nivel inferior por cualquier camino tortuoso, es irrelevante en lo que respecta a la cantidad de trabajo. Sin embargo, afortunadamente, este inconveniente no es fatal, ya que mediante una proporción adecuada de los circuitos resonantes se puede alcanzar una eficiencia del 85 %. Desde que anuncié el invento, ha llegado a ser de uso universal y ha provocado una revolución en muchos departamentos. Pero le espera un futuro aún mayor. Cuando en 1900 obtuve poderosas descargas de 100 pies y destellé una corriente alrededor del globo, me acordé de la primera chispa que observé en mi laboratorio de Grand Street y me emocioné con sensaciones similares a las que sentí cuando descubrí el campo magnético giratorio.

Capítulo 5

El transmisor magnificador

Al repasar los acontecimientos de mi vida pasada, me doy cuenta de lo sutiles que son las influencias que moldean nuestros destinos. Un incidente de mi juventud puede servir de ilustración. Un día de invierno logré escalar una montaña escarpada en compañía de otros chicos. La nieve era bastante profunda y un cálido viento del sur la hacía idónea para nuestro propósito. Nos divertíamos lanzando bolas que bajaban rodando una cierta distancia, recogiendo más o menos nieve, y tratábamos de superar a los demás en este emocionante deporte. De repente se veía que una bola iba más allá del límite, hinchándose hasta alcanzar proporciones enormes y llegar a ser tan grande como una casa, y se precipitó atronadoramente en el valle de abajo con una fuerza que hizo que el suelo temblara. Yo miraba embobado, incapaz de comprender lo que había sucedido. Durante semanas, la imagen de la avalancha estuvo ante mis ojos y me preguntaba cómo algo tan pequeño podía alcanzar un tamaño tan inmenso. Desde entonces, la magnificación de las acciones débiles me fascinó, y cuando, años más tarde, me dediqué al estudio experimental de la resonancia mecánica y eléctrica, me interesó mucho desde el principio. Posiblemente, si no hubiera sido por esa poderosa impresión inicial, no habría seguido la pequeña chispa que obtuve con mi bobina y nunca hubiera desarrollado mi mejor invento, cuya verdadera historia contaré aquí por primera vez.

Los «cazadores de leones» me han preguntado a menudo cuál de mis descubrimientos valoro más. Esto depende del punto de vista. No pocos hombres técnicos, muy capaces en sus departamentos especiales, pero dominados por un espíritu pedante y miope, han afirmado que, a excepción del motor de inducción, no he dado al mundo nada de utilidad práctica. Esto es un grave error. Una nueva idea no debe ser juzgada por sus resultados inmediatos. Mi sistema alternativo de transmisión de energía llegó en un momento psicológico, como una respuesta largamente buscada a cuestiones de la industria, y aunque hubo que vencer considerables resistencias y conciliar intereses contrapuestos, como es habitual, la introducción comercial no podía retrasarse mucho. Ahora, comparen esta situación con la que enfrentó mi turbina, por ejemplo. Uno debería pensar que un invento tan simple y hermoso, que posee muchas de las características de un motor ideal, debería ser adoptado de inmediato y, sin duda, en condiciones similares. Pero el efecto prospectivo del campo rotatorio no debía hacer inútil la maquinaria existente, sino que, por el contrario, la dotó de un valor adicional. El sistema se prestaba a nuevas empresas, así como a la mejora de las antiguas. Mi turbina es un avance de carácter totalmente diferente. Es un cambio radical en el sentido de que su éxito significaría el abandono de los anticuados tipos de motores primarios en los que se han gastado miles de millones de dólares. En tales circunstancias, el progreso debe ser lento y quizás el mayor impedimento se encuentra en las opiniones prejuiciosas creadas en las mentes de los expertos por la oposición organizada.

El otro día tuve una experiencia descorazonadora al encontrarme con mi amigo y antiguo asistente, Charles F. Scott, actualmente profesor de Ingeniería Eléctrica en Yale. Hacía tiempo que no lo veía y me alegré de tener la oportunidad de charlar un rato con él en mi oficina. Nuestra conversación derivó naturalmente hacia mi turbina y me acaloré en grado sumo. «Scott», exclamé, arrastrado por la visión de un futuro glorioso, «mi turbina desechará todos los motores térmicos del mundo». Scott se acarició la barbilla y miró hacia otro lado como si estuviera haciendo un cálculo mental. «Eso producirá un buen montón de chatarra», dijo, y se fue sin decir nada más.

Éstas y otras invenciones mías, sin embargo, no eran más que pasos en ciertas direcciones. Al desarrollarlos, me limité a seguir el sentido innato de mejorar los dispositivos actuales, sin pensar especialmente en nuestras necesidades más imperiosas. El «transmisor de aumento» fue el producto de años de trabajo, cuyo objetivo principal era la solución de problemas infinitamente más importantes para la humanidad que el mero desarrollo industrial.

Si mi memoria no me falla, fue en noviembre de 1890 cuando realicé un experimento de laboratorio que fue uno de los más extraordinarios y espectaculares jamás registrados en los anales de la ciencia. Al investigar el comportamiento de las corrientes de alta frecuencia, había comprobado que un campo eléctrico de intensidad suficiente puede producir en una habitación luz para iluminar los tubos de vacío sin electrodos. En consecuencia, se construyó un transformador para probar la teoría y la primera prueba resultó ser un éxito maravilloso. Es difícil apreciar lo que significaban aquellos extraños fenómenos en aquella época. Estamos ávidos de nuevas sensaciones, pero pronto nos volvemos indiferentes a ellas. Las maravillas de ayer son hoy hechos comunes. Cuando mis tubos fueron expuestos públicamente por primera vez, se vieron con un asombro imposible de describir. De todas de todas las partes del mundo recibí invitaciones urgentes y se me ofrecieron numerosos honores y otros alicientes, los cuales rechacé.

Pero en el año 1892 las exigencias se volvieron irresistibles y me fui a Londres, donde pronuncié una conferencia ante la Institución de Ingenieros Eléctricos. Había sido mi intención partir inmediatamente a París en cumplimiento de una obligación similar, pero *sir* James Dewar insistió en que me presentara ante la Royal Institution. Aunque yo era un hombre de firme decisión, sucumbí fácilmente a los contundentes argumentos del gran escocés. Me empujó a una silla y me sirvió medio vaso de un maravilloso líquido marrón que brillaba con toda clase de colores iridiscentes y que sabía a néctar. «Ahora», dijo, «estás sentado en la silla de Faraday y estás disfrutando del whisky que él solía beber». En ambos aspectos fue una experiencia envidiable. La noche siguiente hice una demostración ante esa Institución, al término de la cual Lord Rayleigh se dirigió al público y sus generosas palabras propiciaron el primer comienzo en estos esfuerzos. Hui de Londres y más tarde de París para escapar de los favores que se me dispensaban, y viajé a mi casa, donde pasé por una dolorosa prueba y una enfermedad. Al recobrar la salud, comencé a formular planes para reanudar el trabajo en América. Hasta ese momento, nunca me di cuenta de que poseía algún don particular de descubrimiento, pero lord Rayleigh, a quien siempre consideré como un hombre de ciencia ejemplar, lo había dicho, y si ése era el caso, debía concentrarme en alguna gran idea.

Un día, mientras vagaba por las montañas, busqué refugio de una tormenta que se acercaba. El cielo se cubrió de pesadas nubes, pero de alguna manera la lluvia se retrasó hasta que, de repente, hubo un relámpago y, unos instantes después, un diluvio. Esta observación me hizo pensar. Era evidente que los dos fenómenos estaban estrechamente relacionados, como causa y efecto, y un poco de reflexión me llevó a la conclusión de que la energía eléctrica implicada en la precipitación del agua era insignificante, siendo la función del rayo muy parecida a la de un activador sensible.

Aquí había una estupenda posibilidad de logro. Si pudiéramos producir efectos eléctricos de la calidad requerida, todo este planeta y las condiciones de existencia en él podrían transformarse. El sol eleva el agua de los océanos y los vientos la llevan a regiones distantes donde permanece en un estado de delicado equilibrio. Si estuviera en nuestro poder alterarlo cuándo y dónde se desee, esta poderosa corriente que sostiene la vida podría ser controlada a voluntad. Podríamos regar desiertos áridos, crear lagos y ríos y proporcionar fuerza motriz en cantidades ilimitadas. Ésta sería la forma más eficiente de aprovechar el sol para los usos del hombre. La consumación dependía de nuestra capacidad para desarrollar fuerzas eléctricas del orden de las de la naturaleza. Parecía una empresa inútil, pero me decidí a intentarlo e inmediatamente después de mi regreso a los Estados Unidos, en el verano de 1892, se inició un trabajo que me resultó aún más atractivo, ya que era necesario un medio de la misma naturaleza para la transmisión de energía sin cables.

El primer resultado gratificante se obtuvo en la primavera del año siguiente, cuando alcancé tensiones de alrededor de 1 000 000 de voltios con mi bobina cónica. No era mucho a la luz de los avances actuales, pero entonces se consideraba una hazaña. Los progresos fueron constantes hasta la destrucción de mi laboratorio por un incendio en 1895, como se puede juzgar por un artículo de T. C. Martin que apareció en el número de abril de la revista *Century Magazine*. Esta calamidad me hizo retroceder en muchos sentidos y la mayor parte de ese año tuve que dedicarme a la planificación y la reconstrucción. Sin embargo, tan pronto como las circunstancias lo permitieron, volví a la tarea.

Aunque sabía que se podían alcanzar fuerzas electromotrices más elevadas con aparatos de mayores dimensiones, tenía la percepción instintiva de que el objetivo podría lograrse mediante el diseño adecuado de un transformador comparativamente pequeño y compacto. Al realizar pruebas con un secundario en forma de espiral plana, como se ilustra en mis patentes, la ausencia de serpentinas me sorprendió, y no tardé en descubrir que se debía a la posición de las espiras y a su acción mutua. Aprovechando esta observación, recurrí al uso de un conductor de alta tensión con espiras de diámetro considerable, lo suficientemente separadas para mantener la capacidad distribuida, y al mismo tiempo evitar la acumulación indebida de la carga en cualquier punto. La aplicación de este principio me permitió producir presiones de 4 000 000 de voltios, lo cual era el límite que se podía obtener en mi nuevo laboratorio de la calle Houston, ya que las descargas se extendían a través de una distancia de 16 pies. Una fotografía de este transmisor fue publicada en la *Electrical Review* de noviembre de 1898.

Para seguir avanzando en esta línea, tuve que salir a la luz, y en la primavera de 1899, habiendo completado los preparativos para la construcción de una planta inalámbrica, me fui a Colorado, donde permanecí durante más de un año. Allí introduje otras mejoras y afinamientos de la planta de radio que hicieron posible generar corrientes de cualquier tensión que se desee. Aquellos que estén interesados encontrarán alguna información con respecto a los experimentos que realicé allí en mi artículo «El problema del aumento de la energía humana», en la revista *Century Magazine* de junio de 1900, al que me he referido en otras ocasiones.

El *Electrical Experimenter* me ha pedido que sea muy explícito en este tema para que mis jóvenes amigos entre los lectores de la revista comprendan claramente la construcción y el funcionamiento de mi «transmisor de aumento» y los fines a los que está destinado. Pues bien, en primer lugar es un transformador resonante con un secundario en el que las partes, cargadas a un alto potencial, tienen una superficie considerable y están dispuestas en el espacio a lo largo de superficies envolventes ideales de radios de curvatura muy grandes, y a distancias adecuadas entre sí, asegurando así una pequeña densidad de superficie eléctrica en todas partes para que no se produzca ninguna fuga aunque el conductor esté desnudo. Es adecuado para cualquier frecuencia, desde unos pocos hasta muchos miles de ciclos por segundo, y puede utilizarse en la producción de corrientes de enorme volumen y moderada presión, o de menor amperaje e inmensa fuerza electromotriz. La tensión eléctrica máxima depende únicamente de la curvatura de las superficies en las que se encuentran los elementos cargados y del área de éstos últimos.

A juzgar por mi experiencia pasada, hasta 100 000 000 de voltios son perfectamente practicables. Por otro lado, se pueden obtener corrientes de muchos miles de amperios en la antena. Se requiere una planta de dimensiones muy moderadas para tales prestaciones. Teóricamente, un terminal de menos de 90 pies de diámetro es suficiente para desarrollar una fuerza electromotriz de esa magnitud, mientras que para corrientes de antena de 2000 a 4000 amperios en las frecuencias habituales, no es necesario que tenga más de 9 metros de diámetro.

En un sentido más restringido, este transmisor inalámbrico es uno en el que la radiación de ondas hertzianas es una cantidad totalmente despreciable en comparación con la energía total, bajo cuya condición el factor de amortiguación es extremadamente pequeño y se almacena una enorme carga en la capacidad elevada. Un circuito de este tipo puede excitarse con impulsos de cualquier tipo, incluso de baja frecuencia, y producirá oscilaciones sinusoidales y continuas como las de un alternador.

Sin embargo, en el sentido más estricto del término, se trata de un transformador resonante que, además de poseer estas cualidades, está exactamente proporcionado para adaptarse a las constantes y propiedades eléctricas del globo terráqueo, por lo que su diseño es muy eficiente y eficaz en la transmisión inalámbrica de energía. La distancia es entonces absolutamente eliminada, no habiendo disminución de la intensidad de los impulsos transmitidos. Incluso es posible hacer que las acciones aumenten con la distancia de la planta según una ley matemática exacta.

Este invento fue uno de los muchos comprendidos en mi «Sistema Mundial» de transmisión inalámbrica que me comprometí a comercializar a mi regreso a Nueva York en 1900. En cuanto a los propósitos inmediatos de mi empresa, estaban claramente esbozados en una declaración técnica de ese período, la cual cito:

El «Sistema Mundial» es el resultado de la combinación de varios descubrimientos originales hechos por el inventor en el curso de una larga y continua investigación y experimentación. Esto hace posible no sólo la transmisión instantánea y precisa de cualquier tipo de señales, mensajes o caracteres a todas las partes del mundo, sino también la interconexión de las estaciones telegráficas, el teléfono y otras estaciones de señales sin ningún cambio en su equipo actual. Por sus medios, por ejemplo, un abonado telefónico aquí puede llamar y hablar con cualquier otro abonado del mundo. Un receptor barato, no más grande que un reloj, le permitirá escuchar en cualquier lugar, en la tierra o en el mar, un discurso o una música en otro lugar, por muy lejano que sea. Estos ejemplos se citan simplemente para dar una idea de las posibilidades de este gran avance científico, que aniquila la distancia y hace que ese perfecto conductor natural, la tierra, esté disponible para todos los innumerables propósitos que el ingenio humano ha encontrado para un cable. Un resultado de gran alcance de esto es que cualquier dispositivo capaz de ser operado a través de uno o más cables (a una distancia obviamente restringida) puede igualmente ser accionado, sin conductores artificiales y con la misma facilidad y precisión, en distancias a las que no hay más límites que los impuestos por las dimensiones físicas del globo. Así pues, no sólo se abrirán campos completamente nuevos para la explotación comercial de este método ideal de transmisión, sino que se ampliarán enormemente los antiguos.

El «Sistema Mundial» se basa en la aplicación de los siguientes importantes inventos y descubrimientos:

1. El «transformador Tesla». Este aparato es en la producción de vibraciones eléctricas tan revolucionario como lo fue la pólvora en la guerra. Corrientes muchas veces más fuertes que cualquier otra jamás ge-

nerada en las formas habituales y chispas de más de cien pies de largo han sido producidas por el inventor con un aparato como éste.

2. El «transmisor de aumento». Éste es el mejor invento de Tesla, un peculiar transformador especialmente adaptado para excitar la tierra, que es en la transmisión de energía eléctrica lo que el telescopio es en la observación astronómica. Mediante el uso de este maravilloso dispositivo, ya ha establecido movimientos eléctricos de mayor intensidad que los del rayo y creado una corriente suficiente para encender más de doscientas lámparas incandescentes alrededor del globo.

3. El «sistema inalámbrico Tesla». Este sistema comprende una serie de mejoras y es el único medio conocido para transmitir energía eléctrica de un modo económico a distancia sin necesidad de cables. Pruebas y mediciones minuciosas en relación con una estación experimental de gran actividad, erigida por el inventor en Colorado, han demostrado que cualquier cantidad de energía deseada puede ser transportada, a través del globo si es necesario, con una pérdida que no excede de unos pocos puntos porcentuales.

4. El «arte de la individualización». Este invento de Tesla es para la «sintonía» primitiva lo que el lenguaje refinado es para la expresión no articulada. Hace posible la transmisión de señales o mensajes absolutamente secretos y exclusivos tanto en el as-

pecto activo como en el pasivo, es decir, no interferentes además de seguros. Cada señal es como un individuo de identidad inconfundible y no existe prácticamente ningún límite al número de estaciones o instrumentos que pueden funcionar simultáneamente sin la menor perturbación mutua.

5. Las «ondas estacionarias terrestres». Este maravilloso descubrimiento, popularmente difundido, significa que la tierra responde a vibraciones eléctricas de tono definido como un diapasón a ciertas ondas de sonido. Estas vibraciones eléctricas particulares, capaces de excitar poderosamente al globo, se prestan a innumerables usos de gran importancia comercial y en muchos otros aspectos.

La primera central eléctrica del «Sistema Mundial» puede ponerse en funcionamiento en nueve meses. Con esta central se podrán alcanzar actividades eléctricas de hasta diez millones de caballos de vapor y está diseñada con el objeto de servir para tantos logros técnicos como sea posible sin los consiguientes gastos. Entre ellos se pueden mencionar los siguientes:

1. La interconexión de las centrales u oficinas telegráficas existentes en todo del mundo.

2. El establecimiento de un servicio telegráfico gubernamental secreto y seguro.

3. La interconexión de todas las centrales u oficinas telefónicas existentes en el mundo.

4. La distribución universal de noticias generales, por telégrafo o teléfono, en conexión con la prensa.

5. El establecimiento de un «Sistema Mundial» de transmisión de información para uso privado exclusivo.

6. La interconexión y funcionamiento de todos los teletipos del mundo.

7. El establecimiento de un «Sistema-Mundial» de distribución musical, etc.

8. El registro universal del tiempo mediante relojes baratos que indiquen la hora con precisión astronómica y que no requieran ninguna atención.

9. La transmisión mundial de caracteres mecanografiados o manuscritos, cartas, cheques, etc.

10. El establecimiento de un servicio marítimo universal que permita a los navegantes de todos los barcos navegar perfectamente sin brújula, determinar la ubicación, la hora y la velocidad, evitar colisiones y desastres, etc.

11. La inauguración de un sistema de impresión mundial en tierra y mar.

12. La reproducción mundial de imágenes fotográficas y de toda clase de dibujos o registros.

También me propuse hacer demostraciones en la transmisión inalámbrica de energía en una escala pequeña pero suficiente para llegar a convencer. Además de esto, me referí a otras aplicaciones de mis descubrimientos incomparablemente más importantes que serán reveladas en una fecha futura.

En Long Island se construyó una planta con una torre de 187 pies de altura, que tenía una terminal esférica de unos 68 pies de diámetro. Estas dimensiones eran adecuadas para la transmisión de prácticamente cualquier cantidad de energía. Originalmente sólo se proporcionaban de 200 a 300 kW, pero tenía la intención de emplear más tarde varios miles de caballos de vapor. El transmisor debía emitir un complejo de ondas de características especiales y había ideado un método único de control telefónico de cualquier cantidad de energía.

La torre fue destruida hace dos años, pero mis proyectos se están desarrollando y se construirá otra, mejorándose en algunas características. En esta ocasión contradigo el informe ampliamente difundido de que la estructura fue demolida por el Gobierno, lo cual, debido a las condiciones de la guerra, podría haber creado prejuicios en la mente de aquellos que no saben que los papeles que hace treinta años me confirieron el honor de la ciudadanía americana están siempre guardados en una caja fuerte, mientras que mis órdenes, diplomas, títulos, medallas de oro y otras distinciones están guardadas en viejos baúles. Si este informe tuviera un fundamento, me habrían devuelto una gran suma de dinero que gasté en la construcción de la torre. Por el contrario, al Gobierno le interesaba preservarla, sobre todo porque habría hecho posible –por mencionar sólo un resultado valioso– la localización de un submarino en cualquier parte del mundo. Mis instalaciones, servicios y todas mis mejoras han estado siempre a disposición de los funcionarios, y desde el estallido del conflicto europeo, he estado trabajando con sacrificio en varias invenciones mías relacionadas con la navegación aérea, la propulsión de barcos y la transmisión inalámbrica, que son de gran importancia para el país. Los que están bien informados saben que mis ideas han revolucionado las industrias de los Estados Unidos y no me consta que exista un inventor que haya sido, en este sentido, tan afortunado como yo, especialmente en lo que se refiere al uso de sus mejoras en la guerra. Me he abstenido de expresarme públicamente sobre este tema porque me parecía impropio hablar de asuntos personales mientras todo el mundo se encontraba en una situación difícil.

Me gustaría añadir, en vista de varios rumores que me han llegado, que el Sr. J. Pierpont Morgan no se interesó por mí de manera comercial, sino con el mismo espíritu de grandeza con el que ha ayudado a muchos otros pioneros. Él cumplió su generosa promesa al pie de la letra y no hubiera sido razonable esperar de él nada más. Él tenía la más alta estima por mis logros y me dio todas las pruebas de su completa fe en mi capacidad de lograr lo que me había propuesto. No estoy dispuesto a conceder a algunos individuos mezquinos y celosos la satisfacción de haber frustrado mis esfuerzos. Estos hombres no son para mí más que microbios de una desagradable enfermedad. Mi proyecto fue retrasado por las leyes de la naturaleza. El mundo no estaba preparado para ello. Estaba demasiado adelantado. Pero las mismas leyes prevalecerán al final y lo convertirán en un éxito triunfal.

Capítulo 6

El arte de la telautomática

Ningún tema al que me haya dedicado ha exigido tanta concentración de la mente y ha forzado hasta un grado tan peligroso las fibras más finas de mi cerebro como el sistema en el que se basa el transmisor magnificador. Puse toda la intensidad y el vigor de la juventud en el desarrollo de los descubrimientos del campo giratorio, pero esos primeros trabajos fueron de un carácter diferente. Aunque eran extremadamente agotadores, no implicaban ese agudo y agotador discernimiento que tenía que ejercitar con los desconcertantes problemas que se planteaban en el campo de la radio. A pesar de mi rara resistencia física en ese período de tiempo, los maltratados nervios finalmente se rebelaron y sufrí un completo colapso, justo cuando la consumación de la larga y difícil tarea estaba casi a la vista.

Sin duda habría pagado una pena mayor más tarde, y muy probablemente mi carrera hubiera terminado prematuramente, si la providencia no me hubiera dotado de un dispositivo de seguridad, que parece mejorar con los años, y que siempre entra en juego cuando mis fuerzas se agotan. Mientras funcione, estoy a salvo del peligro debido al exceso de trabajo que amenaza a otros inventores y, de paso, no necesito las vacaciones que son indispensables para la mayoría de la gente. Cuando estoy casi agotado, simplemente hago como los morenos, que «se duermen naturalmente mientras los blancos se preocupan». Para aventurar una teoría fuera de mi ámbito, el cuerpo probablemente acumula poco a poco una cantidad definida de algún agente tóxico y me sumerjo en un estado casi letárgico que dura media hora al minuto. Al despertarme tengo la sensación de que los acontecimientos inmediatamente anteriores hubieran ocurrido hace mucho tiempo, y si intento continuar la línea de pensamiento interrumpida, siento una verdadera náusea mental. Involuntariamente me vuelvo entonces a otro trabajo y me sorprende la frescura de la mente y la facilidad con la que supero obstáculos que antes me habían desconcertado. Al cabo de semanas o meses, mi pasión por el invento temporalmente abandonado regresa y sin apenas esfuerzo siempre encuentro respuestas a todas las preguntas que me preocupan.

A este respecto, contaré una experiencia extraordinaria que puede interesar a los estudiantes de psicología. Yo había producido un fenómeno sorprendente con mi transmisor de tierra y estaba tratando de averiguar su verdadero significado en relación con las corrientes propagadas a través de la tierra. Parecía una empresa desesperada, y durante más de un año trabajé sin descanso, pero en vano. Este profundo estudio me absorbió tan enteramente que llegué a olvidarme de todo lo demás, incluso de mi debilitada salud. Por fin, cuando estaba a punto de quebrarme, la naturaleza me aplicó el conservante que induce al sueño letal. Al recuperar mis sentidos, me di cuenta con consternación de que era incapaz de visualizar escenas de mi vida, excepto las de la infancia, las primeras que habían entrado en mi conciencia. Curiosamente, éstas aparecieron ante mi visión con sorprendente nitidez y me proporcionaron un bienvenido alivio. Noche tras noche, al retirarme, pensaba en ellas y se revelaba cada vez más mi existencia anterior. La imagen de mi madre era siempre la figura principal en el espectáculo que se desarrollaba lentamente, y el deseo de volver a verla se apoderaba gradualmente de mí. Este sentimiento se hizo tan fuerte que decidí dejar todo el trabajo y satisfacer mi anhelo. Pero me resultaba demasiado difícil separarme del laboratorio, y transcurrieron varios meses durante los cuales logré revivir todas las impresiones de mi vida pasada hasta la primavera de 1892. En la siguiente imagen que salió de la niebla del olvido, me vi en el Hotel de la Paix, en París, volviendo de uno de mis peculiares episodios de sueño, que había sido causado por un prolongado esfuerzo del cerebro. Imagínese el dolor y la angustia que sentí cuando me vino a la mente que en ese mismo momento se me entregaba un despacho con la triste noticia de que mi madre estaba muriendo. Recordé cómo hice el largo viaje a casa sin una hora de descanso y cómo falleció tras semanas de agonía. Era especialmente notable que durante todo este período de memoria parcialmente borrada, estaba completamente vivo para todo lo que se refería al tema de mi investigación. Podía recordar los detalles más pequeños y las observaciones menos significativas de mis experimentos e incluso recitar páginas de texto y complejas fórmulas matemáticas.

Creo firmemente en una ley de compensación. Las verdaderas recompensas siempre están en proporción al trabajo y a los sacrificios realizados. Ésta es una de las razones por las que estoy seguro de que de todos mis inventos, el transmisor de lectura será el más importante y valioso para las generaciones futuras. Me piden esta predicción no tanto por la revolución comercial e industrial que seguramente provocará, sino por las consecuencias humanitarias de los muchos logros que hace posible. Las consideraciones de la mera utilidad pesan poco en la balanza frente a los beneficios superiores para la civilización. Nos enfrentamos a problemas portentosos que no pueden ser resueltos con la mera provisión de nuestra existencia material, por muy abundante que sea. Por el contrario, el progreso en esta dirección está plagado de riesgos y peligros no menos amenazantes que los que nacen de la carencia y el sufrimiento. Si liberáramos la energía de los átomos o descubriéramos algún otro modo de desarrollar una energía barata e ilimitada en cualquier punto del globo, este logro, en lugar de ser una bendición, podría traer el desastre a la humanidad al dar lugar a la disensión y la anarquía que, en última instancia, provocaría la entronización del odiado régimen de la fuerza. La mayor buena voluntad proviene de las mejoras técnicas que tienden a la unificación y la armonía, y mi transmisor inalámbrico es preeminentemente eso. Por medio de él, la voz y la semejanza humanas serán reproducidas en todas partes y las fábricas conducidas a miles de kilómetros de las cascadas que suministran la energía; las máquinas aéreas serán impulsadas alrededor de la tierra sin parar y la energía del sol controlada para crear lagos y ríos para fines motrices y la transformación de los desiertos áridos en tierras fértiles. Su introducción para usos telegráficos, telefónicos y similares eliminará automáticamente la estática y todas las demás interferencias que actualmente imponen estrechos límites a la aplicación de la tecnología inalámbrica.

Éste es un tema oportuno sobre el que no estaría de más decir algunas palabras.

Durante la última década, varias personas han afirmado con arrogancia que habían conseguido eliminar este impedimento. He examinado cuidadosamente todos los arreglos descritos y probé la mayoría de ellos mucho antes de que se hicieran públicos, pero el resultado fue uniformemente negativo. Una reciente declaración oficial de la Armada de los Estados Unidos puede, tal vez, haber enseñado a algunos editores de noticias seductoras cómo evaluar estos anuncios en su valor real. Por regla general, los intentos se basan en teorías tan falaces que cada vez que llegan a mis oídos no puedo evitar pensar en un tono más ligero. Hace poco se anunció un nuevo descubrimiento con un ensordecedor estruendo de trompetas, pero resultó ser otro caso de una montaña que da a luz a un ratón.

Esto me recuerda un emocionante incidente que tuvo lugar hace años cuando estaba realizando mis experimentos con corrientes de alta frecuencia. Steve Brodie acababa de saltar desde el puente de Brooklyn. La hazaña ha sido vulgarizada desde entonces por imitadores, pero el primer informe electrizó a Nueva York. Yo era muy impresionable entonces y con frecuencia hablaba del atrevido impresor. En una calurosa tarde, sentí la necesidad de refrescarme y entré en uno de los de los treinta mil establecimientos populares de esta gran ciudad, donde se servía una deliciosa bebida al 12%, que ahora sólo puede obtenerse viajando a los países pobres y devastados de Europa. La asistencia era numerosa y no demasiado distinguida y se discutió un asunto que me dio una admirable ocasión para el comentario descuidado: «Esto es lo que dije cuando salté del puente». Apenas pronuncié estas palabras, me sentí como el compañero de Timoteo en el poema de Schiller. En un instante hubo un pandemónium y una docena de voces gritaron: «¡Es Brodie!». Tiré una moneda sobre el mostrador y salí corriendo hacia la puerta, pero la multitud me pisaba los talones con gritos de «¡Detente, Steve!», que debieron ser malinterpretados, pues muchas personas intentaron sujetarme mientras corría frenéticamente hacia mi refugio. Al pasar por las esquinas, afortunadamente conseguí llegar al laboratorio, donde me quité el abrigo y me camuflé como un herrero y puse en marcha la fragua. Pero estas precauciones resultaron innecesarias: había eludido a mis perseguidores. Durante muchos años después, por la noche, cuando la imaginación convierte en espectros los insignificantes problemas del día, pensaba a menudo, mientras me revolvía en la cama, en cuál habría sido mi destino si aquella turba me hubiera atrapado y hubiera descubierto que yo no era Steve Brodie.

Ahora bien, el ingeniero, que recientemente dio cuenta ante un organismo técnico de un remedio novedoso contra la estática basado en una «ley de la naturaleza hasta ahora desconocida», parece haber sido tan imprudente como yo al sostener que estas perturbaciones se propagan hacia arriba y hacia abajo, mientras que las de un transmisor proceden a lo largo de la tierra. Esto significaría que un condensador, como este globo, con su envoltura gaseosa, podría cargarse y descargarse de una manera muy contraria a las enseñanzas fundamentales propuestas en los libros de texto elementales de física. Tal suposición habría sido condenada como errónea, incluso en tiempos de Franklin, ya que los hechos relacionados con esto eran entonces bien conocidos y la identidad entre la electricidad atmosférica y la desarrollada por las máquinas estaba plenamente establecida. Evidentemente, las perturbaciones naturales y artificiales se propagan por la tierra y el aire exactamente de la misma manera, y ambas establecen fuerzas electromotrices en sentido horizontal y vertical. Las interferencias no pueden ser superadas por ninguno de los métodos propuestos. La verdad es que en el aire el potencial aumenta a razón de unos cincuenta voltios por pie de elevación, debido a lo cual puede haber una diferencia de presión que asciende a veinte, o incluso cuarenta mil voltios entre los extremos superior e inferior de la antena. Las masas de la atmósfera cargada están en constante movimiento y ceden electricidad al conductor, no de forma continua, sino de forma disruptiva, lo que produce un ruido de chirrido en un receptor telefónico sensible. Cuanto más alto esté el terminal y mayor sea el espacio que abarcan los cables, más pronunciado es el efecto, pero debe entenderse que es puramente local y tiene poco que ver con el problema real.

En el año 1900, mientras perfeccionaba mi sistema inalámbrico, una forma de aparato consistía en cuatro antenas. Éstas fueron cuidadosamente calibradas a la misma frecuencia y conectadas en forma múltiple con el objeto de magnificar la acción al recibir desde cualquier dirección. Cuando deseaba averiguar el origen de los impulsos transmitidos, cada par situado en diagonal se ponía en serie con una bobina primaria que alimentaba el circuito detector. En el primer caso el sonido era en el teléfono; en el segundo cesó, como era de esperar, neutralizándose mutuamente las dos antenas, pero la verdadera estática se manifestó en ambos casos y tuve que idear prevenciones especiales que encarnaban diferentes principios.

Empleando receptores conectados a dos puntos de la tierra, como sugerí hace tiempo, este problema causado por el aire cargado, que es muy grave en las estructuras tal como se construyen ahora, se anula y además, la responsabilidad de todo tipo de interferencia se reduce a aproximadamente la mitad debido al carácter direccional del circuito. Esto era perfectamente evidente, pero fue una revelación para algunos de mente simple, cuya experiencia se limitaba a formas de aparatos que podían ser mejorados con un hacha, y han estado deshaciéndose de la piel del oso antes de matarlo. Si fuera cierto, sería fácil deshacerse de ellos recibiendo sin antenas. Pero, de hecho, un cable enterrado en el suelo que, de acuerdo con este punto de vista, debería ser absolutamente inmune, es más susceptible a ciertos extraños impulsos que uno colocado verticalmente en el aire. Para decirlo con justicia, se ha hecho un ligero progreso, pero no en virtud de un método o dispositivo particular. Se ha conseguido simplemente descartando las enormes estructuras, que son bastante malas para la transmisión pero totalmente inadecuadas para la recepción, y adoptando un tipo de receptor más adecuado. Como señalé en un artículo anterior, para eliminar esta dificultad de forma definitiva, hay que cambiar radicalmente el sistema de la transmisión, pero no el de la recepción, y adoptar un tipo de receptor más adecuado.

Sería una calamidad, en efecto, que en este momento en que este arte está en su infancia y la inmensa mayoría, sin exceptuar a los expertos, no tienen la menor idea de sus posibilidades finales, se apresuraran a aprobar una medida en la legislatura convirtiéndola en un monopolio gubernamental. Esto fue propuesto hace unas semanas por el Secretario Daniels, y sin duda ese distinguido funcionario ha hecho su llamamiento al Senado y a la Cámara de Representantes con sincera convicción. Pero la evidencia universal muestra inequívocamente que los mejores resultados se obtienen siempre en una sana competencia comercial. Hay, sin embargo, razones excepcionales por las que la tecnología inalámbrica debe tener la máxima libertad de desarrollo. En primer lugar, ofrece perspectivas inconmensurablemente mayores y más vitales para la vida humana que cualquier otro invento o descubrimiento en la historia del hombre. Por otra parte, hay que entender que este maravilloso arte se ha desarrollado, en su totalidad, aquí y en la vida humana más que cualquier otro invento o descubrimiento en la historia del hombre, que el teléfono, la lámpara incandescente o el avión. Los emprendedores agentes de prensa y los comerciantes de acciones han tenido tanto éxito propagando información errónea que incluso un periódico tan excelente como el *Scientific American* concede el mayor crédito a un país extranjero. Los alemanes, por supuesto, los expertos rusos, ingleses, franceses e italianos se apresuraron a utilizarlas con fines de señalización. Fue una aplicación obvia del nuevo agente y realizada con la vieja bobina de inducción clásica y no mejorada, apenas algo más que otro tipo de heliografía. El radio de transmisión era muy limitado, los resultados obtenidos de poco valor y las oscilaciones de Hertz, como medio de transmisión de inteligencia, podrían haber sido sustituidas ventajosamente por las ondas sonoras, las cuales propuse yo en 1891. Además, todas estas tentativas se hicieron tres años después de los principios básicos del sistema inalámbrico, que se emplea universalmente hoy en día, y sus potentes instrumentos habían sido claramente descritos y desarrollados en América.

Hoy en día no queda ni rastro de esos aparatos y métodos hertzianos. Hemos procedido en la dirección opuesta y lo que se ha hecho es el producto de los cerebros y los esfuerzos de los ciudadanos de este país. Las patentes fundamentales han expirado y las oportunidades están abiertas a todos. El principal argumento del Secretario se basa en la interferencia. Según su declaración, publicada en el *New York Herald* del 29 de julio, las señales de una poderosa estación pueden ser interceptadas en todos los pueblos del mundo. En vista de este hecho, que fue demostrado en mis experimentos de 1900, sería de poca utilidad imponer restricciones en los Estados Unidos.

Para arrojar luz sobre este punto, puedo mencionar que hace poco, un caballero de aspecto extraño me llamó con el objeto de solicitar mis servicios en la construcción de transmisores mundiales en alguna tierra lejana. «No tenemos dinero», dijo, «pero sí carretadas de oro macizo, y le daremos una cantidad generosa». Le contesté que quería ver primero lo que se haría con mis inventos en América, y así terminó la entrevista. Pero estoy satisfecho de que algunas fuerzas oscuras están en acción, y a medida que pase el tiempo, el mantenimiento de la comunicación continua se hará más difícil. El único remedio es un sistema inmune a la interrupción. Ha sido perfeccionado, existe, y todo lo que es necesario es ponerlo en funcionamiento.

El terrible conflicto sigue estando presente en las mentes y quizás debe darse la mayor importancia al transmisor de magnificación como máquina de ataque y defensa, más particularmente en relación con la telautomática. Esta invención es el resultado lógico de las observaciones iniciadas en mi infancia y continuadas a lo largo de mi vida. Cuando se publicaron los primeros resultados, la revista *Electrical Review* declaró que se convertiría en uno de los «factores más potentes en el avance y la civilización de la humanidad». No pasará mucho tiempo antes de que se cumpla esta predicción. En 1898 y en 1900 se ofreció al Gobierno y podrían haber sido adoptados si yo hubiera sido uno de los que acudirían al pastor de Alejandro cuando quieren un favor de éste. En ese momento pensé realmente que aboliría la guerra debido a su ilimitada destructividad y a la exclusión del elemento personal del combate. Pero aunque no he perdido la fe en sus potencialidades, mis opiniones han cambiado desde entonces.

La guerra no puede evitarse hasta que se elimine la causa física de su recurrencia y ésta, en última instancia, es la gran extensión del planeta en el que vivimos. Sólo mediante la aniquilación de la distancia en todos los aspectos, como el transporte de inteligencia, transporte de pasajeros y transmisión de energía, se crearán condiciones que aseguren la permanencia de las relaciones amistosas. Lo que más deseamos ahora es un contacto más estrecho y una mejor comprensión entre los individuos y las comunidades de toda la tierra, y la eliminación de esa devoción fanática a los ideales exaltados del egoísmo y el orgullo nacional que siempre tiende a sumir al mundo en la barbarie y las luchas primitivas. Ninguna liga o acto parlamentario de ningún tipo evitará jamás tal calamidad. Son sólo nuevos dispositivos para poner a los débiles a merced de los fuertes. Me he expresado en este sentido hace catorce años, cuando una combinación de algunos gobiernos importantes —una especie de Santa Alianza— fue defendida por el difunto Andrew Carnegie, que puede ser considerado con justicia como el padre de esta idea, habiendo dado a la misma más publicidad e impulso que nadie antes de los esfuerzos del presidente. Aunque no se puede negar que tal pacto podría ser ventajoso para los pueblos menos afortunados, no puede alcanzar el objetivo principal que se persigue.

La paz sólo puede llegar como consecuencia natural de la iluminación universal y de la fusión de las razas, y aún estamos lejos de esta feliz realización.

Al ver el mundo de hoy a la luz de la gigantesca contienda que hemos que hemos presenciado, estoy convencido de que los intereses de la humanidad estarían mejor servidos si los Estados Unidos se mantuvieran fieles a sus tradiciones y se quedaran al margen de «alianzas enredadas». Situado geográficamente como está, alejado de los conflictos inminentes, sin incentivos para el engrandecimiento territorial, con recursos inagotables y una inmensa población completamente imbuida del espíritu de libertad y derecho, este país se encuentra en una posición única y privilegiada. Por lo tanto, es capaz de ejercer, independientemente, su colosal poder y su fuerza moral en beneficio de todos, más juiciosa y eficazmente, que como miembro de una liga.

En uno de estos esbozos biográficos, publicado en el *Electrical Experimenter*, he hablado de las circunstancias de mis primeros años de vida y de una aflicción que me obligó a ejercitar sin cesar la imaginación y la autoobservación. Esta actividad mental, al principio involuntaria bajo la presión de la enfermedad y el sufrimiento, se convirtió gradualmente en una segunda naturaleza y me llevó finalmente a reconocer que no era más que un autómata desprovisto de libre albedrío en el pensamiento y la acción y que sólo respondía a las fuerzas del entorno. Nuestros cuerpos tienen una estructura tan compleja, los movimientos que realizamos son tan numerosos y las impresiones externas sobre nuestros órganos sensoriales son tan delicadas y elusivas que es difícil para la persona común comprender este hecho. Y, sin embargo, nada es más convincente para el investigador entrenado que la teoría mecanicista de la vida que había sido, en cierta medida, comprendida y propuesta por Descartes hace trescientos años. Pero en su tiempo muchas funciones importantes de nuestro organismo eran desconocidas y, especialmente con respecto a la naturaleza de la luz y la construcción y el funcionamiento del ojo, los filósofos estaban en la oscuridad.

En los últimos años, el progreso de la investigación científica en estos campos ha sido tal que no deja lugar a dudas respecto a este punto de vista, sobre el que se han publicado muchos trabajos. Uno de sus exponentes más hábiles y elocuentes es Félix Le Dantec, antiguo ayudante de Pasteur. El profesor Jacques Loeb ha realizado notables experimentos en heliotropismo, estableciendo claramente el poder de control de la luz en las formas inferiores de los organismos, y su último libro, *Movimientos Forzados*, es revelador. Pero mientras los hombres de ciencia aceptan esta teoría simplemente como cualquier otra que se reconozca, para mí es una verdad que demuestro cada vez que actúo y pienso. La conciencia de la impresión externa que me impulsa a cualquier tipo de esfuerzo, físico o mental, está siempre presente en mi mente. Sólo en muy raras ocasiones, cuando me encontraba en un estado de excepcional concentración, he encontrado dificultad en localizar los impulsos originales.

La mayor parte de los seres humanos nunca son conscientes de lo que pasa a su alrededor y dentro de ellos, y millones son víctimas de enfermedades y mueren prematuramente por este motivo. Los acontecimientos cotidianos más comunes les parecen misteriosos e inexplicables. Uno puede sentir una repentina ola de tristeza y devanarse los sesos en busca de una explicación cuando podría haber notado que se debe a una nube que oculta los rayos del sol. Puede ver la imagen de un amigo querido en condiciones que interpreta como muy peculiares, cuando poco antes se ha cruzado con él en la calle o ha visto su fotografía en algún lugar. Cuando pierde un botón del cuello de la camisa, se queja y jura durante una hora, al ser incapaz de visualizar sus acciones anteriores y localizar el objeto directamente. La observación deficiente no es más que una forma de ignorancia y es responsable de las muchas nociones mórbidas e ideas tontas que prevalecen. No hay más de una de cada diez personas que no crea en la telepatía y otras manifestaciones psíquicas, el espiritismo y la comunión con los muertos, y que se niegue a escuchar a los engañadores voluntarios o involuntarios.

Sólo para ilustrar lo profundamente arraigada que está esta tendencia incluso entre la población norteamericana de mente clara, quisiera mencionar un incidente cómico.

Poco antes de la guerra, cuando la exposición de mis turbinas en esta ciudad suscitó comentarios generalizados en los periódicos técnicos, anticipé que habría una lucha entre los fabricantes para conseguir la invención, y yo tenía un interés especial en ese hombre de Detroit que tiene una extraña facultad para acumular millones. Estaba tan seguro de que algún día aparecería que lo declaré como algo seguro a mi secretaria y a mis asistentes. Y, efectivamente, una buena mañana, un grupo de ingenieros de la Ford Motor Company se presentó para discutir conmigo un importante proyecto. «¿No os lo había dicho?», comenté triunfalmente a mis empleados, y uno de ellos dijo: «Es usted increíble, Sr. Tesla; todo sale exactamente como predice». Tan pronto como estos hombres de cabeza dura se sentaron, yo, por supuesto, inmediatamente empecé a ensalzar las maravillosas características de mi turbina, cuando los portavoces me interrumpieron y dijeron: «Sabemos todo esto, pero estamos en una misión especial. Hemos formado una sociedad psicológica para la investigación de los fenómenos psíquicos y queremos que te unas a nosotros en esta empresa». Supongo que esos ingenieros nunca supieron lo cerca que estuvieron de ser despedidos de mi oficina.

Desde que me dijeron algunos de los más grandes hombres de la época, líderes científicos cuyos nombres son inmortales, que poseo una mente inusual, incliné todas mis facultades de pensamiento en la solución de grandes problemas sin importar el sacrificio. Durante muchos años me esforcé por resolver el enigma de la muerte, y observé ansiosamente todo tipo de indicios espirituales. Pero sólo una vez en el curso de mi existencia he tenido una experiencia que me impresionó momentáneamente como sobrenatural. Fue en el momento de la muerte de mi madre. Me había quedado completamente agotado por el dolor y la larga vigilancia, y una noche me llevaron a un edificio a unas dos manzanas de nuestra casa. Mientras yacía indefenso allí, pensé que si mi madre moría mientras yo estaba lejos de su cama, seguramente me daría una señal. Dos o tres meses antes, estaba en Londres en compañía de mi difunto amigo, *sir* William Crookes, cuando se hablaba de espiritismo, y yo estaba bajo la influencia de estos pensamientos. Puede que no haya prestado atención a otros hombres, pero era susceptible a sus argumentos ya que era su trabajo de época sobre la materia radiante, que había leído cuando era estudiante, lo que me hizo abrazar la carrera.

Pensé que las condiciones para una mirada al más allá eran muy favorables, ya que mi madre era una mujer de genio y particularmente sobresaliente en los poderes de la intuición. Durante la noche, todas las fibras de mi cerebro se esforzaron en esperar, pero no ocurrió nada hasta la mañana temprano, cuando caí en un sueño, o quizás en un desmayo, y vi una nube que llevaba figuras angelicales de maravillosa belleza, una de las cuales me miraba de forma amorosa y gradualmente asumió los rasgos de mi madre. La aparición flotó lentamente por la habitación y se desvaneció, y me despertó un canto indescriptiblemente dulce de muchas voces. En ese instante me invadió una certeza, que no hay palabras para expresar, de que mi madre acababa de morir. Y era cierto. Yo no era capaz de comprender el tremendo peso de la dolorosa noticia que recibí anticipadamente, y escribí una carta a *sir* William Crookes cuando aún estaba bajo el dominio de estas impresiones y con una mala salud corporal. Tras recuperarme, busqué durante mucho tiempo la causa externa de esta extraña manifestación y, para mi gran alivio, lo conseguí después de muchos meses de esfuerzos infructuosos. Había visto el cuadro de un célebre artista que representaba alegóricamente una de las estaciones en forma de nube con un grupo de ángeles que parecían flotar en el aire y esto me había llamado poderosamente la atención. Era exactamente lo mismo que aparecía en mi sueño, con la excepción de la imagen de mi madre. La música provenía del coro de la iglesia cercana en la misa temprana de la mañana de Pascua, explicando todo satisfactoriamente de acuerdo con los hechos científicos.

Esto ocurrió hace mucho tiempo, y desde entonces no he tenido la más mínima razón para cambiar mis puntos de vista sobre los fenómenos psíquicos y espirituales, para los que no hay absolutamente ningún fundamento. La creencia en ellos es el resultado natural del desarrollo intelectual. Los dogmas religiosos ya no se aceptan en su significado ortodoxo, pero cada individuo se aferra a la fe en un poder supremo de algún tipo. Todos debemos tener un ideal que rija nuestra conducta y nos dé seguridad, ya sea un credo, un arte, una ciencia o cualquier otra cosa, con tal de que cumpla la función de fuerza desmaterializadora. Es esencial para la existencia pacífica de la humanidad en su conjunto que prevalezca una concepción común.

Aunque no he conseguido ninguna prueba que apoye las afirmaciones de los psicólogos y espiritistas, he comprobado a mi entera satisfacción el automatismo de la vida, no sólo a través de continuas observaciones del individuo, sino aún más concluyentemente a través de ciertas generalizaciones. Éstas equivalen a un descubrimiento que considero el momento más importante para el ser humano y en el que me detendré brevemente. Tuve el primer indicio de esta asombrosa verdad cuando todavía era un hombre muy joven, pero durante muchos años interpreté lo que observé simplemente como coincidencias. A saber, cada vez que yo mismo o una persona a la que estaba unido, o una causa a la que me dedicaba, era herido por otros de una manera particular, que podría ser mejor caracterizada popularmente de la manera más injusta imaginable, experimentaba un dolor singular e indefinible que, a falta de un término mejor, he calificado de «cósmico», y poco después, e invariablemente, los que lo habían infligido se afligían. Después de muchos casos de este tipo, se lo confié a varios amigos, que tuvieron la oportunidad de convencerse de la verdad de la teoría que poco a poco he ido formulando y que puede ser expuesta en las siguientes palabras:

Nuestros cuerpos son de construcción similar y están expuestos a las mismas influencias externas. Esto da como resultado una respuesta similar y una concordancia de las actividades generales en las que se basan todas nuestras normas y leyes sociales y de otro tipo. Somos autómatas enteramente controlados por las fuerzas del medio que se agitan como corchos en la superficie del agua, pero confundiendo la resultante de los impulsos del exterior con el libre albedrío. Los movimientos y otras acciones que realizamos son siempre preservadores de la vida, y aunque aparentemente son bastante independientes entre sí, estamos conectados por vínculos invisibles. Mientras el organismo está en perfecto orden, responde con precisión a los agentes que lo impulsan, pero en el momento en que se produce alguna alteración en un individuo, su poder de autopreservación se ve afectado. Todo el mundo comprende, por supuesto, que si uno se vuelve sordo, se le debilita la vista o se le lesionan los miembros, las posibilidades de seguir existiendo se reducen. Pero esto también es cierto, y tal vez más, con ciertos defectos del cerebro que privan al autómata, más o menos, de esa cualidad vital y le hacen precipitarse en la destrucción. Un ser muy sensible y observador, con su mecanismo altamente desarrollado intacto, y actuando con precisión en obediencia a las condiciones cambiantes del entorno, está dotado de un sentido mecánico trascendente, que le permite eludir peligros demasiado sutiles para ser percibidos directamente. Cuando entra en contacto con otros cuyos órganos de control son radicalmente defectuosos, ese sentido se impone y él siente el dolor «cósmico». La verdad de esto ha sido confirmada en cientos de casos, e invito a otros estudiosos de la naturaleza a dedicar atención a este tema, creyendo que a través de un esfuerzo combinado y sistemático se obtienen resultados de incalculable valor para el mundo.

La idea de construir un autómata para confirmar mi teoría se me presentó pronto, pero no empecé a trabajar activamente hasta el año 1893, cuando comencé mis investigaciones inalámbricas. Durante los dos o tres años siguientes, una serie de mecanismos automáticos para ser accionados a distancia fueron construidos por mí y expuestos a los visitantes en mi laboratorio. En 1896, sin embargo, diseñé una máquina completa capaz de una multitud de operaciones, pero la consumación de mis trabajos se retrasó hasta finales de 1897. Esta máquina fue ilustrada y descrita en la revista *Century Magazine* de junio de 1900 y en otras publicaciones de la época, y cuando se presentó por primera vez a principios de 1898, causó una sensación como ninguna otra invención mía ha producido jamás. En noviembre de 1898, se me concedió una patente básica sobre el nuevo artefacto, pero sólo después de que el Examinador en Jefe viniera a Nueva York y presenciara la actuación, ya que lo que yo afirmaba parecía increíble. Recuerdo que cuando más tarde llamé a un oficial de Washington con el fin de ofrecer el invento al Gobierno, estalló en carcajadas tras contarle lo que había logrado. Nadie pensó entonces que hubiera la más mínima perspectiva de perfeccionar tal dispositivo. Es lamentable que en esta patente, siguiendo el consejo de mis abogados, indicara que el control se efectuaba por medio de un circuito único y una forma conocida de detector, por la razón de que todavía no había asegurado la protección de mis métodos y aparatos para la individualización. De hecho, mis barcos fueron controlados a través de la acción conjunta de varios circuitos y se excluían las interferencias de todo tipo. Por lo general, empleaba circuitos receptores en forma de bucles, incluyendo condensadores, porque las descargas de mi transmisor de alta tensión ionizaban el aire de la sala, de modo que incluso una antena muy pequeña extraía electricidad de la atmósfera circundante durante horas. Para dar una idea, encontré, por ejemplo, que una bombilla de 12" de diámetro, muy agotada y con un solo terminal al que se conectaba un cable corto, podía emitir más de mil flashes sucesivos antes de que se neutralizara toda la carga del aire en el laboratorio. La forma de bucle del receptor no era sensible a tal perturbación y es curioso observar que se está popularizando en esta época. En realidad, recoge mucha menos energía que las antenas o que un cable largo conectado a tierra, pero resulta que elimina una serie de defectos inherentes a los dispositivos inalámbricos actuales. En la demostración de mi invento ante el público, los visitantes podían hacer cualquier pregunta, por muy complicada que fuera, y el autómata respondería por señas. Esto se consideraba mágico en aquella época, pero era muy sencillo, ya que era yo mismo quien daba las respuestas por medio del dispositivo.

En la misma época se construyó otra embarcación telautomática de mayor tamaño, una fotografía de la misma se muestra en este número del *Electrical Experimenter*. Estaba controlada por bucles, con varias vueltas colocadas en el casco, que era totalmente hermético y capaz de sumergirse. El aparato era similar al utilizado en la primera, con la excepción de ciertas características especiales que introduje, como, por ejemplo, las lámparas incandescentes, que permitían que la máquina funcionara correctamente.

Estos autómatas, controlados dentro del rango de visión del operador, fueron, sin embargo, los primeros y más bien rudimentarios pasos en la evolución del arte de la telautomática tal y como la había concebido. La siguiente mejora lógica era su aplicación a los mecanismos automáticos más allá de los límites de la visión y a gran distancia del centro de control, y desde entonces he defendido su empleo como instrumentos de guerra en lugar de los cañones. La importancia de esto ahora parece ser reconocida si he de juzgar por los anuncios casuales en la prensa de logros que se dicen extraordinarios pero que no contienen ningún mérito de novedad. De manera imperfecta es posible, con las instalaciones inalámbricas existentes, lanzar un avión, hacer que siga un recorrido aproximado y realice una operación a una distancia de muchos centenares de millas. Una máquina de este tipo puede ser controlada mecánicamente de varias maneras y no tengo ninguna duda de que puede resultar de alguna utilidad en la guerra. Pero no hay, a mi entender, ningún instrumento entre los existentes en la actualidad con el que se pueda lograr tal objetivo de una manera precisa. He dedicado años de estudio a este asunto y he desarrollado medios que hacen que tales y mayores maravillas sean fácilmente realizables.

Como ya dije en una ocasión anterior, cuando era estudiante en la universidad concebí una máquina voladora muy diferente a las actuales. El principio subyacente era el sonido, pero no pudo ser llevada a la práctica por falta de un motor principal de actividad suficientemente grande. En los últimos años he resuelto con éxito este problema y ahora estoy planeando máquinas aéreas desprovistas de planos de sustentación, alerones, hélices y otros accesorios externos, que serán capaces de inmensas velocidades y es muy probable que proporcionen poderosos argumentos para la paz en un futuro próximo. Tal máquina, sostenida y propulsada enteramente por reacción, se muestra en la página 108 y se supone que será controlada mecánicamente o por energía inalámbrica. Mediante la instalación de plantas adecuadas será posible proyectar un misil de este tipo en el aire y dejarlo caer casi en el mismo lugar designado, que puede estar a miles de kilómetros de distancia. Pero no vamos a detenernos en esto. Se producirán finalmente telautómatas capaces de actuar como si fueran poseedores de su propia inteligencia, y su llegada creará una revolución. Ya en 1898 propuse a los representantes de una gran empresa manufacturera la construcción y exhibición pública de un carro automotor que, abandonado a sí mismo, realizaría una gran variedad de operaciones que implicaban algo parecido al juicio. Pero mi propuesta fue considerada entonces como quimérica y no se hizo nada al respecto.

En la actualidad, muchas de las mentes más brillantes están tratando de evitar que se repita el terrible conflicto que sólo en teoría ha terminado y cuya duración y cuestiones principales predije correctamente en un artículo publicado en *The Sun* del 20 de diciembre de 1914. La Liga propuesta no es un remedio, sino que, por el contrario, en opinión de una serie de hombres competentes, puede traer los resultados opuestos. Es particularmente lamentable que se haya adoptado una política punitiva al enmarcar los términos de la paz, ya que dentro de unos años será posible que las naciones luchen sin ejércitos, barcos o cañones, con armas mucho más terribles, cuya acción destructiva y alcance es prácticamente ilimitado. Una ciudad, a cualquier distancia del enemigo, puede ser destruida por él y ningún poder en la tierra puede impedirlo. Si queremos evitar una calamidad inminente y un estado de cosas que puede transformar este globo en un infierno, debemos impulsar el desarrollo de las máquinas voladoras y la transmisión inalámbrica de energía sin un instante de retraso y con todo el poder y los recursos de la nación.

Índice

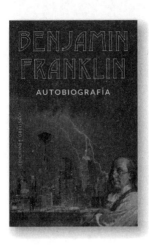

Benjamin Franklin fue considerado el primer estadounidense de la historia, y su firma se encuentra al pie de la Declaración de Independencia de Estados Unidos junto a la de George Washington o Thomas Jefferson.

Sin duda, Franklin es uno de los personajes más fascinantes de la historia de Estados Unidos. Y es que más allá de su faceta como político, fue un prolífico inventor. Debemos a su ingenio el pararrayos, el cuentakilómetros, las lentes bifocales…, así como algunos interesantes ensayos sobre el ajedrez o las corrientes marinas.

En las páginas de este libro, Franklin nos explica su vida, su obra y sus pensamientos en primera persona. Su relato nos permite conocer, a través de la mirada de uno de los Padres Fundadores, la formación y el desarrollo temprano de Estados Unidos, así como las mentalidades que constituían una sociedad tan cambiante y compleja, en la que convivían abolicionistas y esclavistas, independentistas y colonialistas…